U0871045

哲人是否应当对人民讲真话

谢宏声 ○ 著

群言出版社
QUNYAN PRESS
·北京·

图书在版编目（CIP）数据

哲人是否应当对人民讲真话 / 谢宏声著 .— 北京：群言出版社，2015.8

ISBN 978-7-80256-791-7

Ⅰ. ①哲… Ⅱ. ①谢… Ⅲ. ①哲学—通俗读物 Ⅳ. ①B-49

中国版本图书馆 CIP 数据核字（2015）第 163512 号

策划编辑： 李　群
责任编辑： 肖玉平　李　群
封面设计： 周伟伟

出版发行： 群言出版社
社　　址： 北京市东城区东厂胡同北巷 1 号（100006）
网　　址： www.qypublish.com
自营网店： http://qycbs.shop.kongfz.com（孔夫子旧书网）
http://www.qypublish.com（官方网店）
电子信箱： qunyancbs@126.com
总 编 室： 010-65265404　65267783
编 辑 部： 010-65138815　65262436　65276609
发 行 部： 010-65263345　65263836
市 场 部： 010-65220236　65265832（读者服务）
经　　销： 全国新华书店
法律顾问： 北京市君泰律师事务所

印　　刷： 北京鑫瑞兴印刷有限公司
版　　次： 2015 年 9 月第 1 版　2015 年 9 月第 1 次印刷
开　　本： 880mm × 1230mm　1/32
印　　张： 8.5
字　　数： 162 千字
书　　号： ISBN 978-7-80256-791-7
定　　价： 29.80 元

【版权所有，侵权必究】

当站在路上察看，访问古道，哪是善道，便行在其间

——《耶利米书》6:16

目录

触觉的伦理 …… 001
光之暴力 …… 003
黑暗中的摸索 …… 019

欲望的欲望 …… 039
自我意识三部曲 …… 046
主奴辩证法 …… 060
爱欲辩证法 …… 076

生存审美化 …… 087
古典哲人的快感观 …… 089
自我照料——关乎性情卓越的技艺 …… 125

哲人是否应当对人民讲真话 …… 165
高贵的谎言 …… 166

哲学与政治 188

登徒子——色诺芬笔下的苏格拉底 211
会饮、爱欲与政治 213
会饮的启示 250

触觉的伦理

对某人做出判断，通常依靠眼睛甚于双手。因为每一个人皆可看到你，却很少有人能够接触你，每一个都看到你的外表，但很少人摸透你的真相……

——马基雅维利：《君主论》

哲学之谜来自他者的凝视。主体之诞生便是与他者目光之邂逅，在目光的相互遭遇中领会他人对我的意义，献身于对象，委身于对象，才看到自己。他人目光在场，无声细说我的到来，实现对我的见证，引发自我意识，我亦被他人的目光所规定。经由他人的显现，“我才能像对一个对象做判断那样对我本身作判断”。[1] 我可以不理会他人的在场，但不可能不与之共处。我不打算介入他人，故不愿惊动对方，可是，对方只需一个暧昧眼神，我就被搅扰了，强迫介入对方

1 [法]萨特：《存在与虚无》，陈宣良等译，北京：生活·读书·新知三联书店，1997年第2版，第292页。

设定的视觉场，因为目光寻求反应，无论是消极回应、积极回应，甚至不回应，皆为一种回应。

万物统摄于我的凝视，我亦遭受四周目光的压迫，被咄咄逼人的凝视所包裹，挟持为目光的人质，他人的注视将我“置于他的视觉场，夺去了我的一部分存在”[1]，尤其不怀好意的目光审问，时时逼我作答，引发莫明恐惧。这是一种难以承载的目光重负——攫取、捕获、占有、吞噬了我。总之，目光的闪射，导使“每个人都被他人的目光客观化”。

2004年德里达辞世，吕克·南希撰写《德里达，向你致敬，向要成为的盲者致敬》：

> 你把我们置于黑暗之前，在这个黑暗中你消失了。但是：向黑暗致敬！向这个形象和图形的抹消致敬。也向我们要成为的盲者致敬，这是你偏爱的主题：向不取决于形式和理念、而任凭各种力量所触摸的视像致敬！……你努力要成为盲者，为了更能拯救只有黑暗才拥有的光明：它是在视线之外并且遮盖秘密的光明。不是隐藏的秘密，而是明见性，存在秘密的显现、生/死秘密的显现。向你守护的秘密致敬！

1 [法]莫里斯·梅洛－庞蒂：《知觉现象学》，姜志辉译，北京：商务印书馆，2001年版，第450页。

转向触觉主义立场的晚年德里达，为何滞留于黑暗？又为何“努力要成为盲者”？他究竟守护了怎样的秘密？

光之暴力

“光”是观看实践的基本前提，亦是抹除黑暗的先决条件，没有光的朗照，万物遁迹潜行，浸入无尽的阴森之境，仿佛置于死寂的坟茔。倘若不再有光的介入，在黑暗中沉睡的事物缺失苏醒的可能。唯有光的逼近，方可将事物从黑暗中拽出，使之复活，重现生机。

探寻光明是人类古老冲动之一，因为光之投射，万物均被摊开，可予以精准表象或正确造型，还世界以有序面目，从中获致一定程度的可控感，由可控感生出安全感。光之不及，便属不可猜度、无法把握的黑暗国度，黑暗中的事物难以命名，从而含糊、混乱、暧昧、模棱两端、莫可名状。那么，光之闪现，不仅视域一览无余，且万象尽收眼底，世界因被纳入光明的轨道而清晰通透，启人疑窦，轻松逃离光明布控的不确定之物或未知之物被迫现身，露出真实模样。

光的作用是临近、照耀，驱逐黑暗，使事物裸出、亮相，便于捕获、逮捉。无论字面意思还是隐喻层次，革命与光明有关，与视觉有关（影片《艳阳天》《金光大道》，典型的光之表达；再如艾青书写《光的赞歌》予以称颂；又如丁玲名著《太阳照在桑乾河上》，首版书名《桑乾河上》，并无“太阳”与“照在”两词），光的从容到来，解放拘禁于黑暗之中受苦受难的被压迫者，将其带入光明国度，神秘而诡异的非理性世界亦为之一扫。

若阙失真光，世界便被黑暗权势辖制。黑暗中的事物无法辨认或识别，种种邪恶力量趁机横冲直闯，快速入侵，将有毒因子播进世人肉身，然后吞食其魂灵，最终掐断人性向善的可能，阻其走进早已预制好了的同志社会。面对魔鬼盘踞的黑暗世界，革命不容商量、不由分说地倾泻大量光明——“照到哪里哪里亮”(《东方红》)。为营造通体透亮的光明之城，甚至不惜制定“太阳节”，作为人民群众纪念领袖的盛大节日，重新点燃被黑暗力量所熄灭的希望之光。诸多革命影片皆有“天快亮了”的台词(《永不消逝的电波》《江水滔滔》《沸腾的群山》《暴风骤雨》等等，《翠岗红旗》直接拉出书写“天亮了”的硕大横幅)，或旭日东升，霞光万丈(《向阳院的故事》《聂耳》《海上明珠》《雁鸣湖畔》《火红的年代》《开山的人》《渭水新歌》，不知凡几)——这是巍峨领袖散发的夺目朝晖，将万象从黑暗中拯救，更其重要，“元首的光芒保证了大众的忠诚”。

革命之光是可期可欲的，犹如柏拉图的灿烂理念，炫丽、夺目、耀眼，将事物照亮，人民亦从中获取一双灵透目光。因而，光的匆忙到来，除了让人民紧紧依偎在领袖周围，保证对元首的忠诚，还赋予革命群众以敏锐的观看能力，以严阵以待的森然目光，举发、揭穿、识破藏于阴影中的叵测之物。因耀眼光芒的急切抵临，黑暗之中的事物被迫亮相，暴露于革命群众声势夺人的目光之下。

革命的正义之光，不仅“似朝阳照人间”(《红灯记》)，且便于群众审视性的盘查与穿透性的监督，利于革命法庭的高效运作。革命是不断制造敌人的过程，如何揪出敌人？那就需要一双独具慧眼的敏锐目光了。革命要求人民擦亮政治的眼睛，除了“为革命锻炼身体”，还要“为革命保护视力”，光明之子的目光由自发到自觉，以凛冽的眼神耐心打量左邻右舍，投射机警、阴鸷、恶毒的凝视，以便精确瞄准敌人、暴露敌人、揪出敌人，“只要我们提高警惕性，擦亮眼睛，反革命分子终有一天会被我们识破的，胡风反革命集团被彻底揭露，就是一个很好的说明。所以，每一个人都应该把周围的情况认真地检查一下，看看有没有反革命分子，看看有没有来历不明的人，有没有当面一套、背后一套的两面

革命法庭

派分子，有没有反动谣言在发生或传播”。[1]反特影片《天罗地网》，学生金一萍向老师揭发舅舅郭浩的古怪行为：“他为什么老不出门，整天呆在屋子里玩扑克牌，总好像怕见人似的。”郭浩在黑暗中的异常举动引发群众的高度怀疑，在密切监视之下，其特务身份终告暴露。的确，“在群众性运动中，反革命分子是决计逃不出群众的眼睛，逃不出群众的天罗地网的。……纵使反革命分子有时可能瞒过领导机关，瞒过公安机关，但是绝对不能瞒过广大人民群众。”[2]

> 品德带来幸福，正如太阳带来光明一样，而不幸是由罪犯所产生，正如蛆虫是由腐烂产生一样。[3]

不明朗、不坦荡的缺德者胆怯地躲入黝黯的腐烂角落，居留于黑夜，妄图躲开光的照射，免于被表象、被造型，并努力披上迷人的外衣。若眼睛不亮，就“不善于辨别好人和坏人”，看不清反革命分子的伪装（毛泽东，1955年6月15日）。革命要求人民的眼睛随时睁开（影片《暴风骤雨》和《箭杆河边》处处都有一双监视地主的眼睛），拭目以俟，即便是睡觉，“也要睁

1 林绍贤等编写：《肃清暗藏的反革命分子》，广州：广东人民出版社，第24页。

2 同上，第23、36页。

3 [法]罗伯斯庇尔：《论羞辱型刑罚》，《革命法制和审判》，赵涵舆译，北京：商务印书馆，1965版，第11页。

一只眼”(《南海长城》)，时时扫描黑暗，无处不在的眼线织成硕大的“天罗地网”，等待敌人的落入，一旦发现并捉牢目标，便施与必要的打击[“农民的眼睛，全然没有错的”，所以“农民的举动，完全是对的”(毛泽东，1927年3月)]。

猎人在捕捉野兽之前，总是先把障眼的草木拨开——《沙漠的春天》

影片《秘密图纸》陆大姐因思想麻痹未能及时识破敌人的诡计，经公安人员一番仔细推理，陆大姐方才恍悟：“这回算把我的眼睛给擦亮了！”是的，革命群众必须在长期的革命生活中炼就一双锐眼，随时拨亮警觉、惕厉的目光，由眼亮而心明，不被敌人障眼的花言巧语所迷惑；而敌人也惧怕人民目光的炙烤：“我总觉得四面八方有数不清的眼睛在盯着我”(《熊痕》)。视网恢恢，疏而不漏，锐利而傲慢的人民之眼毕竟是雪亮的，其视觉神经高度发达，目光如炬，眼力如隼，且视域辽阔、幽敻、邃密，以全景式的视角观照社会，检索现实的阴暗角落（揪出现行反革命），探析历史的积留尘埃（揪出历史反革命），尔后以其势之汹汹、其色之厉厉的专政目光宰制敌人、清洗敌人、吞噬敌人。

游街示众、公捕公判、三堂会审、批斗地主、讯问罪犯……皆为视觉暴力的表达，置阶级敌人于光天化日，在寒气逼人的万目睽睽之下，令其遭受残酷的呵斥、责骂、拷打、刑讯、暴殴，从道德、肉体双重角度予以羞辱和惩罚，让他们卑怯而屈辱地“向人民低头认罪”——对反革命而言，革命之光是致死的光明。

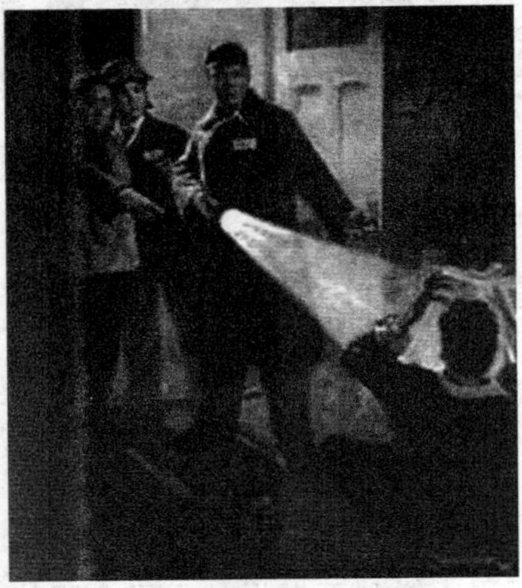

群众的眼睛是亮的，你们永远也逃不出群众的掌心——《辽远的乡村》

活在革命群众的清晰目光中，外在行为被轻松监控，还易于暴露内在思想。因为，革命不满足于罪犯的供认不讳与低头认罪，尚需袒露内心秘密，这是必备的一道讯问手续。由于阶级敌人“阴暗的内心是社会主义阳光照不到的”（姚文元），所以，不懈的警觉（无论刑事警察、户籍警察、道德警察、思想警察，均为视觉的表达——“警觉性的察看”）乃光明之神要求革命人民具备的起码能力：以质疑的眼神打量他人，瞋目以对，怒目而视，以敏锐的视觉之光穿透身体，掘出种种不可告人的凶险秘密。

光之暴力

传统王者固然残虐，但仅限于所能触及的人事，现代王者依傍高效的层级组织与便捷的通讯工具，其权力之手可伸向社会任一区陬，直至人心。传统专制政治强迫人民闭嘴沉默来维护政权稳固，与之不同，现代专制（即贡斯当称谓的“僭主政治”）则“强迫人们讲话，它一直追查到它的思想最隐秘的栖身之处，迫使他对自己的良心撒谎，从而剥夺了被压迫者最后这一点安慰”。[1]革命者无比好奇他人的内心世界，对任何微小情绪波动给予及时关照，不倦窥探，认真核实——哪些内容是有益的，哪些内容是可容忍的，哪些内容又是邪恶的。故严厉而肃穆的革命目光还具有传唤、命令功能，规定个体隐私、过去经历、家庭生活、思绪欲念，甚至心灵镜像，统统拽到太阳底下晒一晒，供参观、品评、议论、研讨，让人民做出最终的裁判与决断。那么，是否敢于“脱裤子，割尾巴”（革命与快感同样需要脱，一个是接受批判，一个是开启爱欲之旅），暴露自我，洗涤内心，则是政治觉悟的表现，籍由不停地自我剖解，不断地自我否定，完成对光明的确认。

难以琢磨的“人心”是一支暗箱，根本无法透析，为防备一小撮无良分子的“别有用心”，革命欲使之变为明室，供众人瞩目，接受革命群众批判小组的审视与检查。人心不同，各如其面，可是，“心”如何脱离身体，为他人知晓？最好办法是“灵魂深处闹革命”，个体被迫敞开心扉，没完没了地书写交代材料或反省笔记，无休无止地对组织谈心或向上级交心（如20世纪50年代的忠诚老实运动和交心运动），自行将本人剥得一丝不挂，并主动给自己扣上政治脏帽，便于群众仔细而挑剔的考核，以求过关。就算口服但心不服，很难通过革命法庭的苛刻审查——诚如毛泽东所言：“他们把心交

1 ［法］邦雅曼·贡斯当：《古代人的自由与现代人的自由：贡斯当政治论文选》，阎克文、刘满贵译，北京：商务印书馆，1999年版，第294页。

斗私批修

出来，真正转变，可以摘掉帽子。”只交半条心，肯定不行，窝藏两条心，那就更不行。若对组织或上级隐瞒实情，这绝对属于不可饶恕的政治罪过。

斯宾诺莎认为：人心不可交由他人处治，“想法子控制人心的政府，可说是暴虐的政府”。[1] 斯宾诺莎所不知的是，

1 ［荷］斯宾诺莎：《神学政治论》，温锡增译，北京：商务印书馆，1996年版，第270页。

革命努力让“社会主义阳光”照进人心，是为了强化对人性的救治与管理。这样一种治理术相当于牧师学，此乃正确的诊疗之道，虽带有几分强迫性，但完全出于对个体的爱护。治理方式有二：坦白与揭发。前者是自我剖解，清除心魔，然后心生内疚，以至愧悔，最后自证其罪，恳请原谅；后者是相互窥探，彼此监督，然后检举、告发，形成每位个体被每个人管治的社会，在这个意义上，人人都是一名敬业的警察。要之，坦白是自我作践，揭发是相互作践——之所以作践，乃因当自尊无以维系，便对被作践、被侮辱的存在状态习以为常。

在肃杀的政治生活中，要求私人生活曝露无余，内心活动悉数摊开，自我检索、判别、甄审心理活动，最难以启齿的龌龊之事也要如数吐出，包括模糊不清的欲念，难以觉察的臆想，悄无声息的冲动……个体既是被告又是法官，自我控诉，自我讯问，自我审判（但不允许自我辩护）。为了思想审查机制的高效运转，每位个体“必须用坦白的内在技巧来自我约束”，找出并交代自身的罪孽。毫无保留地吐露内心秘密是一项义不容辞的义务，当局不知满足地听取秘密则是当仁不让的权利，而“坦白得越深刻，就越能激发提问者的好奇心”。[1] 卑贱的坦白与卑微的忏悔，同样需要对方的洗耳

1 [法] 米歇尔·福柯：《性经验史》（增订版），佘碧平译，上海人民出版社，2002 年版，第 33 页。

恭听，二者皆为自我否定，彻底倒掉内心的肮脏之后，方可开启新的生活，但性质完全不同：忏悔是为了救赎，声音穿越牧师之耳直达天堂，声音一经口出，便逃逸、消逝、死亡；坦白是一种自保之道，除了口供，尚需留下确凿的文字证据，等待上级组织的处理意见，或等候革命法庭的酌情审判。革命人民虽然敞开了内心，主动接受革命话语的矫治，却总也跟不上沸腾革命意识形态的转变节奏。

光之暴力，秘密无处躲藏，若在严酷的政治氛围中获取较高的安全系数，学会低头做人、不敢轻举妄动尚且不够，还必须时刻保持惕励而清醒的目光，不仅戒备他人，更需提防自己，因为被意识屏蔽的潜意识才是自己的最大敌人。由于人际之间塞入了大量密探，若转瞬即逝的不良意图无意泄露，相当于授人以柄，招来无妄之灾，陷入无穷的政治麻烦，甚至惹出杀身之祸都是有可能的。古希腊哲人喀隆告诫世人："要控制舌头，尤其在宴席上"[1]，因为"酒精是舌头的伟大松绑者"[2]。身处高压的政治环境，这番劝导很是中肯，在人际备受污染的世代、在友谊完全不可能的世代，松绑舌头必定直言贾祸。

若说革命暴力机关是一种外在化的压迫，强制性转移

1 拉尔修：《名哲言行录》1.69。

2 [美] 布鲁姆：《爱的阶梯》，秦露译，柏拉图：《会饮》，北京：华夏出版社，2003 年版，第 139 页。

身体能量，将其投入政治事业（如劳改农场的设立）；那么，革命意识形态则是一种内在化监视，以一种穿透性的目光揭破心灵、审视心灵、监察心灵，将人建构为道德主体。外在的权威转换为内在的良心，渗入意识，筑成牢不可破的巨大堤坝，防范欲望洪流的外溢。在革命原则孜孜不怠的究诘之下，个体主动寻求对自身的压迫，“来自外部的压抑还得到了来自内部的压抑的支持，因为失去自由的个体把他的主人及其命令都向内投入了他自己的心理机制”。[1] 个体愿意臣服于比自己强大很多的领袖或组织，这是出于安全本能的需求。若背叛了领袖或组织，即便心里的背叛，足以生发内疚感、羞愧感、罪恶感，以弗洛伊德的说法，这是面临失去保护而遭遇惩罚的威胁。非分之想可以瞒过外部的权威，却瞒不过内部权威——超我——的严厉目光。在尼采看来，“内疚乃是‘邪恶的眼光’”。[2]

弗洛伊德的判断完全正确：内疚感已成为文明人的创造者。内心不良意图之所以不敢公之于众，乃因它不甚光明，不甚磊落。无可告人的秘密一旦被他人察觉，羞惭、愧怍之情徒增。所谓羞愧，不仅是自我羞愧，更是在他人面前所感受到的羞愧，“因为我向他人显现”——我的卑劣形象在他

1 [美]赫伯特·马尔库塞：《爱欲与文明：对弗洛伊德思想的哲学探讨》，黄勇、薛民译，上海人民出版社，2005年版，第11页。

2 [德]尼采：《看哪这人》，张念东、凌素心译，北京：中央编译出版社，2001年版，第20页。

人面前显现了：

> 如果我们一下子羞愧难当，我们就会觉得无地自容，似乎整个世界都在注视着我们；在这种强烈的目光的照耀下，我们不知所措地站在那里，觉得自己正在一点一点地融化掉。[1]

好比大家都是赤条条，未穿衣服的我并不以为耻，若群众穿戴整齐，我却光溜溜地裸露群众面前，足以害臊得无以自处，因而羞耻是一种“直接的颤抖”，不由自主、无可控制的“从头至脚传遍全身”。[2]

羞耻在本质上是承认，“承认我就是他人所看见的那个样子。”[3] 我感到内疚，进而觉得羞愧甚至罪恶，是因为“我”的阴暗内心暴露了，被他人看见了，或良心的审查机制失灵了，不再与革命的节拍一致了。所谓良心的审查机制：经由自审、自查，尔后自责、自咎，最终实现自否、自赎，痛湔宿垢、重新做人。若嫖客妓女被警察的电筒照射或记者的镜头对准，第一反应是自我保护，本能地掩住脸庞，守住最后一丝可怜的尊严。这说明人是极端要面子的。但是，革命之

1 ［德］尼采：《曙光》，田立年译，桂林：漓江出版社，2000 年版，第 352 节。

2 萨特：《存在与虚无》，第 292 页。

3 同上，第 291—292 页。

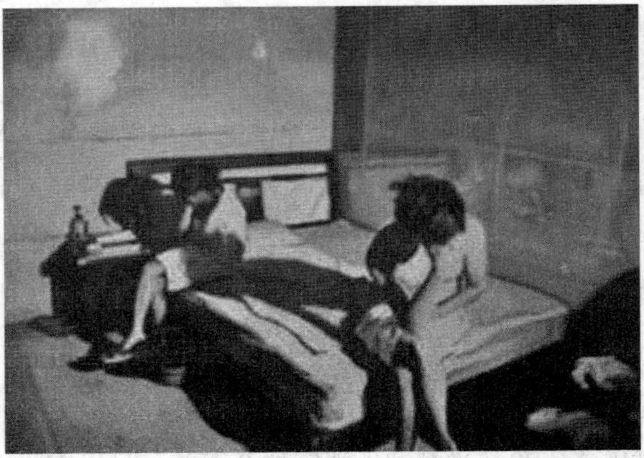

记者镜头前的妓女嫖客

光普照大地，仿佛就是为了让生命不要脸，让生命背负沉重的内疚感、羞愧感、罪恶感，饱受良知的折磨，然后自觉通过自我审查，平息卑污灵魂的躁动。

心胸坦荡者不怕革命之光的朗照，唯有心术不正、心怀鬼胎的阶级敌人畏惧群众目光的监视，因为，“无可指摘的人怎么会害怕和仇恨这种监视呢？”既然告密（实践中，“告密”与“掐害”并无实质区别）是针对罪恶的有效防范举措，职是之故，革命除了要求坦白，还鼓励揭发——“彻底交代、彻底揭发、彻底清算”（江青）——暴露自我秘密之际暴露他人隐私，迫使（或诱使）当事人与权力主动合作，交代与他人的关系：口供套出口供，材料整出材料，案件带出案件，敌人扯出敌人。

积极地自省、自赎，是为了顺利过关；积极地揭发、揭穿，是为了政治表现，二者皆为自保之道，以求谅解、饶恕、宽宥或赦免。自我悔罪兼及他人检举，人人得到目光的关照，彼此投以猜忌的、不信任的仇视目光，监督“邻居”之时被邻居监督，每个人都生活在可怕的敌意目光的检查之下。[1] 由于人际之间吐出灼灼逼人的凝视，相互糟践，栗栗自危，我与他的关系急遽断裂、枯竭。革命社会再次复活了霍布斯假设的自然状态——“武器指向对方，他们的目光互相注视”[2]——不过，是以国家名义的相互为敌的“自然状态”。

凡需制造敌人的地方，均见黑暗与光明的修辞术。不能说黑暗预示光明的莅临，恰恰是光明创造了黑暗，为黑暗的到来做好充分铺垫，“日常流行的意见只在阴影中看到光的缺失，但实际上，阴影乃光之隐蔽的闪现的证明”[3]，没有黑暗，就不存在所谓光明，阴影并非光的反面，而是对光的准确提示，所以，革命必须制造黑暗，以便征服黑暗——以何种光线配置，黑暗中潜伏的敌人可被时时观看，以何种叙事策略，黑暗中活动的敌人可被详细陈述——同时为光明提供令人信服的视觉证供与理论证词，通过黑暗的反动性论析光

---

1 [英]约翰·密尔：《论自由》，许宝骙译，北京：商务印书馆，1959年版，第72页。

2 [英]霍布斯：《利维坦》，黎思复、黎廷弼译，北京：商务印书馆，1985年版，第96页。

3 海德格尔：《世界图象的时代》，孙周兴译，孙周兴选编：《海德格尔选集》（下），生活、读书、新知上海三联书店，1996年版，第922—923页。

革命对黑暗的不倦窥探

明的应然性。

“从来的文艺作品都是写光明和黑暗并重，一半对一半”，毛泽东同志对此大加驳斥，因为“这里包含着许多糊涂观念”，文艺作品素来都不是光明与黑暗并举，“许多小资产阶级作家并没有找过光明，他们的作品就只是暴露黑暗，被称为‘暴露文学’，还有简直是专门宣传悲观厌世的。相反的，苏联在社会主义建设时期的文学就是以写光明为主。他们也写工作中的缺点，也写反面的人物，但是这种描写只能成为整个光明的陪衬”（毛泽东，1942 年 5 月 23 日）。果不其然，如王实味那样只是“暴露黑暗”的人，“不仅是我们思想上的敌人，同时也是我们政治上的敌人”[1]，描写黑暗、控诉黑暗、揭发黑暗，倘若没

1　艾青：《现实不容歪曲》，1942 年 6 月 4 日《解放日报》。

有通过黑暗反衬光之存在，革命的正当性无从谈起，所以，一味暴露黑暗而未提交光明，或投靠光明却不愿融化黑暗，仍属于错误思想。

世界的生成是光明（阿波罗）与黑暗（狄奥尼索斯）两股势力的相生相克：凌厉、冷峻的光明持续纠缠黑暗，努力将其征服；作为回应，浓郁、厚重的黑暗以其莫测深壑吞噬光的辐射，犹如深邃黑洞对物质的悉数吸纳。借革命的正义面孔来理解世界，所谓干净利落的光明/黑暗二宗门，实为善/恶、进步/反动、正确路线/错误路线的激烈交锋，黑暗属绝对“他者”，亟待清理整顿，为实现光明的未来、亮丽的前途，可以不惜任何代价将其涤荡——“看你昏天黑地能多久，革命的火焰一定要大放光芒”（《红灯记》）——邪不压正，黑暗必将被革命这位阿波罗之神彻底击溃。

黑暗中的摸索

梦，漆黑一片的开阔地带，精神分析照亮了这片未被踏入、未被过问、未被开发的处女地，革命对黑暗的造访，如同精神分析对梦境的叩问。

黑暗中的异物犹如不可见的细菌或病毒，悄然躲入身体内部，侵啮肌体的同时腐化灵魂，诱发阴郁之情不懈涌动。非理性之举（如快感实践）是典型的异物，常常游离于革命之光，藏入黑暗空间，它粗野、奔放、恣肆，是对威严肃穆

捕获黑暗中的游弋之徒

国家秩序的率意冒犯与亵渎，并为控制日常生活带来莫大困难。既然黑暗为不轨行为提供便利——夜色中仓促行走、鬼祟迂回、蹑足游弋之徒，非奸即盗——那么，革命的抓捕策略：夜半三更，破门而入，人赃并获。

倘或离开了光的辐射，种种罪恶勾当势必轻易得逞；如若离开了黑暗的保护，种种邪恶妄念势必难以滋生。革命以神乎其神的目光管辖生命，用编织缜密的视线打造一套全权社会特有的高效治理术，随时举首纵览可能发生的不轨之举，尔后精准聚焦，揪出不逞之徒。对生活行使日常性监督的过程中，嗫嚅的生命在张扬的革命目光面前索索颤抖，“这些生命本来能够、而且应当处于无名的黑暗中，然而，与权力的一次偶然相遇，却把他们从黑暗中拖拽出来；……权力监视着这些生命、追踪着他们，密切注视着他们的抗议和不法行为，片刻也不放过；它的利爪还会划伤他们，在他们身上留下持久的印记。”[1]

黑暗与光明的反衬亦是肮脏与纯洁的二元叙事。黑暗易于藏污纳垢，光的功能就是洁浊扬清，使越轨行为不易发生。在光明的持续逼迫下，生活的褶子随时被革命这柄熨斗烫平，欲望的表达备受压抑。可是，快感毕竟是人性的最真实需求，不可完全拒绝；又因革命并非解决问题的唯一有效方式，目光的暴力终究鞭长莫及，总会遗留一些照不到的“卫生死角”。热烈而欢嬉的快感因极度的私密，渴望逃离革

黑暗中的鬼祟者

1 福柯：《声名狼藉者的生活》，汪民安主编：《福柯读本》，北京大学出版社，2010 年版，第 104 页。

命道德的严猛管制与革命目光的凶狠压迫，因为在耳目昭彰的警察社会中，耳目之悦的欢享必须避人耳目，于是，两相落寞的男男女女，退出光明，躲入黑暗，自觉在革命视域的边缘蛰伏、出没、徘徊、游荡，缩小快感活动范围。暗夜的温暖比光明的冷峻，想必更值得世人留恋，“有爱的黑夜胜过无爱的白天”（雅斯贝尔斯）。

革命最疯狂的岁月，也是大量制造光明的时期，亦是正当欲求被于焉掐灭的年代，快感实践只能地下非法运行，孤男寡女随时消失于暮色之中，藏身于革命目光不及的阴暗角落，在夜的掩护下，开启快感之旅（亦免被炽热的革命灼伤），在冷寂的黑暗之中紧紧拥抱、获取温暖，以触觉的表达相互给予宽慰，艰辛日子又可以坚持下去了。另外，革命领袖的光芒过于强烈，致使众人目盲，目盲却导向了触觉的摸索。

捉奸捉双，只有漆黑一团的夜晚，方有这种可能；这，反向说出了黑暗是快感实践的准备。革命视野禁止出现的非法事件，只好遁迹于黑夜之中，不料却为隐秘的快感实践提供条件：不堪忍受白日恐怖所带来的惊惧与骇迫，没入封闭的、外人无法进入的私密空间，积极睿听身体的意见，对最微妙、最具体、最细腻的生命意愿给予及时反应，开始黑暗中的放纵。因为身体能量是唯一尚未被完全驯服、且永远不可驯服的生命能量，一有机会就要寻找突破口，冲出光明的重围，在眼睛权力无法到达之处主张身体权利，在荡魂摄魄的快感实践中重拾生命的尊严。

赤裸的青春肉躯在夜间摸索，自由行使，关注细节，走向未知的空疏之境，在快感的反复实践中遗忘时间，放逐死亡（培根坦言“复仇之欲压倒死亡，爱恋之情蔑视死亡”），平淡而凡俗的生活在日落与日出的夹缝中艰辛启展，在黑夜中找寻生活的希望，难以启齿的快感随时造访。

（1）

裸体引发性的意识，相反，尸体则引发死亡意识，因而，裸体与尸体皆为生命禁忌，不准言说、不准表达、不准亮相，在无边无际的漫漫黑色空间中隐身——散发激情的裸体只得躲藏于漆黑长夜，一如散发腐味的尸体只能匿迹于阴森墓穴。

黑暗激活了快感！热衷此道的黑暗之神狄奥尼索斯和爱欲之神阿芙罗蒂忒开始四处游荡。古希腊戏剧大家阿里斯托芬沉迷于狄奥尼索斯和阿芙罗蒂忒，将全部生命献给了他们。[1]可见，神出鬼没的黑暗之神与行踪不定的爱欲之神不是没有关系。羞于见人的爱欲，在黑暗的帮衬下，游走于私人空间，在隐秘之处张扬其事。

黑夜遮蔽了人之面目，却泄露了人性秘密，引发的神奇力量直抵生命核心。夜无声无息地到达，事物停止了纷扰，一切寂静下来，平素拘谨的肉躯开始蠢蠢思动，欲图举事。

1　柏拉图：《会饮篇》177E。

黑夜张罗有利环境，制造相对宽松、活泼、舒展氛围，纵容爱欲在旷达之境自由驰骋，无数暧昧故事即将上演。持续增生的身体能量不甘心被光明压制，不断奔走、突围、外溢、逃离，积极寻求另一具生命之躯，与其汇合，获取一种任何描述都无法准确捕捉的痉挛体验。快感实践是身体能量释放过程的“充盈”与“喜悦”，这是一种词不达意的细腻而曼妙的战栗感觉，牵动身体每一根神经。于是，饱含生命气息的两具索寞躯体，守望能量的集结，渴盼能量的倾泻，发生可能发生的关系，发生应该发生的关系，在静谧之夜，互相吸引的躯体相互触碰，胡搅蛮缠，歆享爱之欢娱，小心且谨慎地迸出充盈而喜悦的快意呻吟——阶级敌人遭遇殴打时发出的痛苦呻吟，与一对恋人相互碰触时发出的性爱呻吟，是两种意义完全不同的呻吟。

革命与快感皆为青年文化的表征，但起点、过程、结果大不同，前者向慕光明，后者滞留黑暗。革命伦理要求与同志心连心，快感伦理要求与爱人面对面。若说革命是视觉的表达，快感则为触觉的体验。革命，暴露他人面前；快感，相互裸露。与白日的清晰、爽朗相反，黑夜属于隐晦、暧昧，且潮湿、黏糊，利于快感实践的疯狂生长。革命光谱的一再敦促，身体被请入层层包裹的厚重制服，以便压制并驯服盲目的肉体冲动，但在幽闭的不可见世界中，真实的自我敞开了，脱去制服，摘下面具，解除防御——之所以赤裸相对，是为了赤诚相待——让青春肉体重新躁动起来。

青春的汁液饱胀着，这是不可抗拒的夜之诱惑。爱，临近了，抵达了，到来了，发生了。黑暗抹除有形实体，时空一并删去，遗留大片无尽的虚空希冀爱欲的填充，等候快感实践的热情投入。暮色沉沉，身体渐次模糊，唯剩肌肤的裸露，这种裸露是不可见的裸露，身体结晶为肌肤的质感，指尖慢慢游移、舌尖缓缓触动，欲求相互摩挲擦出的快慰轻盈，欲求“器官的满盈”。欲求是对令人愉悦事物的欲求，是对爱抚不可拒绝的触觉需求，这是一种扣人心弦的等待与期待，意图同另一具躯体交集，但触觉的需求不限于性器，它遍及身体每一角落，亲吻、吸吮、拥抱、触碰、抚摸、轻揉……以液体般自由流动的触觉表达，身体时而晏静时而躁动，在悠然与匆忙之间回旋进退、澎湃起伏，以妍柔的爱抚诱发欢快的情绪涟漪，双方目标一致，引导并守护爱欲，耐心等候高潮的惠临。

被重重黑暗遮蔽的感知虽然盲目，但流连于事物外在的可触感，所有一切瞬间玉成肉质的稠密。投身触觉的引诱性实践中，反复试探，不断磨合，以动作、反应、节奏的连锁协同，在激情拥抱之中获致恰切的完美人际关系。倘若失却针芥相契的肉体拥抱，无法理解爱欲的意义，即便关系稍有残缺，但在诱惑性的爱抚中，取消界限，彼此交融，与所爱对象合为一体。巴塔耶以为：肉体的拥抱是爱的终点，在激情拥抱中，一切仿佛消失了，唯剩持续的痉挛，[1]且“爱人的选择获得了圆满的意义”。[2]

在肉质的反复碰触之间维系、巩固、深化情感，因而情感与肉体具备共生关系。爱抚使男欢女爱获得可感可触的真实内容。爱抚，表达爱、示意爱、引领爱、诱发爱，以灵敏的触觉问候、接纳、担待对方。触觉虽是近距离感官，相互亲和以便互相拥有，妨碍两人接近的阻挠之物被肌肤的炽热温度迅速消融，躯体在性爱的呻吟之中恣情翻滚，但肌肤的碰触并非同化对方或被对方同化，因为任何一方都不可还原为另一方，且对方身上存留某种永远不可侵犯之物，而不断脱出我的能力。置身相互信任、相互承认的人际，固然能够获得完全、深刻的自由感与满足感，在轻松的关系中愿意向对方敞开，没有紧张、压抑、威胁、焦虑或戒备，但是，任何亲近的行为中，都会遭遇一定程度的挫败，正是这种挫败，才会意识到他人是独立的、自由的、特殊的，因而是有异于我的，进而学会在界限与融合之间随时调整，保持必要的适度距离，以维系一种健康的、平衡的、对等的爱欲关系。

革命是以权力打造同一，快感是以爱欲获得同一。不过，

---

1 [法]乔治·巴塔耶：《情色论》，赖守正译，台北：联经出版事业股份有限公司，2012年版，第186页。

2 [法]乔治·巴塔耶：《色情史》，刘晖译，北京：商务印书馆，2003年版，第142页。

爱欲的同一并非吞噬与被吞噬的同一，在爱欲关系中，双方虽为一体，却是两个分离的自由个体：一方融入另一方的同时又独立于对方。因而，这样一种“互为对方存在”的同一，是一种辩证的爱欲关系。

爱欲，与另一个人的关联，可以克服单子式个体的孤独及缺乏，又可保留自我的完整，不泯灭个性。“交互主体产生于爱欲，在爱欲中，他人亲近却又完整地保持着一段距离，这距离的哀伤同时源自这种亲近和存在者之间的这些二元对立。”[1] 是的，肌肤的亲近之中始终存有一定距离，这段神秘、陌生的距离是尊重对方的起码前提——既然不愿透露实情，想必有着相当隐私。革命却以阶级友谊之名，力扫同志之间的情感障碍，然而，“所有距离的仓促取消，并未带来任何亲近”。

如何与对方安然共处，并保持各自的独有状态？此乃人际关系必然遭遇的普遍问题，亦是快感实践必定面对的独特问题。快感的分享可迅速拉近两人关系，黑夜中的界域模糊不清，消融隔阂，一方随时进入另一方，互不设防，这种接近不是占有，而是分有—共享，距离的接近并不意味着两人独立性的丧失，而是在“独立性与依存性”之间获致“微妙

1 ［法］埃马纽埃尔·列维纳斯：《从存在到存在者》，吴蕙仪译，南京：江苏教育出版社，2006 年版，第 118 页。

的平衡”。[1]

“独立”（自在）与“依存”（共在）是人际最根本特征，唯处于这种关系方可言说自由，进而实现彼此价值，若光有依存，只能带来权力，若只有独立，则无法解决匮乏。享受亦不例外，“所谓享受，是依存中的独立，这一构造里包含着自由”。[2] 快感实践是“我们”之间的合作，但“我们”是两个不同的“我”组成；“分享”一词亦已说明，融入的同时确保分离，享受之中持有各自差异，维系自我的同时成全对方，或说，顾及对方之际实现自我。另外，革命语境中，身体永远隶属革命，只能附丽革命，在快感实践中，身体不一定归对方所有，一旦发现苗头不对，可随时抽身全退。

（2）

置身人际（即暴露他者面前），我的权利和自由遭受质疑（因而我是有限的），这种处境之所以是伦理的，乃因诸事取决于我与你如何反应和回馈，双方既彼此独立，又相互依存，是矛盾、冲突的端点，亦是对话、合作的基点，形成共生交织

1 [法]阿克塞尔·霍耐特：《为承认而斗争》，胡继华译，上海人民出版社，2005年版，第103页。爱欲的关系，“与其说是一种主体间性状态，不如说是悬置在两种经验之间的交往弧线，一边是独立存在的经验，另一边是融入他者的经验。”霍耐特：《为承认而斗争》，第112页。

2 [日]港道隆：《列维纳斯：法外的思想》，张杰、李勇华译，石家庄：河北教育出版社，2001年版，第93页。

的伦理化生存状态。萨特的伦理学是为他人而在，海德格尔的伦理学是与他人共在，马丁·布伯的伦理学是在相遇中存在，列维纳斯在海德格尔“肩并肩”与马丁·布伯的“手牵手”的基础上，提出“面对面”，这种面对面的赤裸接触（责任的担当，立足于义务），与罗尔斯“背对背”的无知之幕（利益的分配，立足于权利）形成有趣对比。

人之在世状态遭遇他者，他者——绝对的不同者——“是作为一个本质上的秘密而被遭遇的；它不是已知的或可知的”。他者不必为知识或经验的对象，因为知识总是“我”的知识，经验总是“我”的经验。以我的目光观照世界、关照他人，这是一种认知性的关系——对象被禁锢、被抓住，被识破，进而被攫取、被占有。光照之下，事物现身，因此被赋予了与之相应的存在价值，可是，这是基于我的立场：有别于我的事物被目光照亮，由我表象，由我造型，“故而拥有了意义，结果就仿佛来源于我”[1]，以胡塞尔的现象学术语表述：他者是“我”的意向性变形。

视觉是认知的器官，以目光吞剥、吞并他人；触觉则为体验的器官，以爱抚款留、款待他人。快感与革命同样指向外在于我的他者，希望与之发生关系，效果迥乎不同。革命对他者的态度仿佛食物被塞进嘴里，咀嚼、吞咽，进入肠胃的蠕动，分解、消化，作为养料化归于我，形成生存性能

1　列维纳斯：《从存在到存在者》，第103页。

量。与食物的摄入不同，快感是相互转化，互为主体化，吸收的同时被吸收，碰触的同时被碰触，而非单方将他物同化于我。

以我的视角论证他人，是种不友好的态度（叔本华名著《作为意志和表象的世界》开笔首句“世界是我的表象”，已然预设与他人关系坏掉的可能），将物对象化、表象化，便于分析、考索、稽查，纳入我的视线，还原为我的理解，这样一种变相的“唯我论”，是对他人有意或无意的压迫。作为主体主义的唯我论，以其“纯熟的暴力把握世界”，就此通向权力之路，革命的视觉表达正是这样一种唯我论的权力哲学、暴力哲学——当某人深信自己能够拯救世人，必定是一个可怕的自我中心主义者。[1] 清醒的革命目光以矜持的姿态心系天下，自负地凌驾于黑暗之上，扫描事物，精度对焦，获取准确表象，对他人分门别类，纳入预制的敌友论模具。因而在一个革命的国度，人际之间只可能具备恣睢无忌的权力关系，而不可能存在真正互惠的伦理关系。

在互不信任的社会中相互伤害着，人际之间始终抱持怀疑的态度，故而时刻闪现警觉的眼神，兼及惶恐的目光。人际关系的脆弱凸显人性的扭曲，生活其中不仅丧失安全感，更未有快乐可言。当以盛气凌人的革命目光观照生活，以

1　[美]布兰察德：《革命道德：关于革命者的精神分析》，戴长征译，北京：中央编译出版社，2004年版，第320页。

视如寇仇的政治眼光理解人际，关系彻底失衡、冻结、败坏——“人和人为什么要有这么多戒备，这正是我们政治生活不正常所造成的恶果”(《天云山传奇》)。

相反，身体的相互纠缠，不是认识关系，甚至不是存在关系，而是肌肤之亲的护持与担待的伦理关系，相互协调、相互消费、相互馈赠、相互款待——这是一种真正的款待，主客换位的款待：客人变成真正的主人，主人反变成客人。“他人的一切行为都是向我发出的信息”[1]，爱人的呼召，引发我的责任，面对爱抚的到来，我懂得了对方的需要，接纳请求，给予回应，不是目光逼视与审问之下的被迫回应，而是一种义不容辞的责任，有义务以触觉方式给出的回答与反应。爱人的呼召以爱抚的形式传达，爱抚在于引诱，引诱身体情绪，引诱随时可能溜走的肌肤的柔软。爱抚细语倾诉爱欲，爱抚呼唤需求，却非单方需求，更是需求的需求，在两性相悦的爱抚中、在肌肤给予的温度中，确认彼此需求。因而，快感实践看似互为手段，恰恰是互为目的。

欲望与快感分属不同概念，两种层次：欲望是一种本能，生物性的本能；快感是责任性、义务性的伦理实践。在快感的劳作中，双方因需求爱抚而相互承认，彼此接纳，实现自我需求之际意识到对方的需求，或在对方需求的诱发下

1 [法]埃马纽埃尔·列维纳斯:《上帝·死亡和时间》，余中先译，北京：生活·读书·新知三联出版社，1997年版，第8页。

意识到我的需求。对需求的及时反馈，彰显爱抚的本质：享受之时投畀对方，照料对方，是超越唯我论（超越自我需求）的全情给予与顾及。所谓关系——相遇、相待、相见、相识、相与——呼唤的急切来临与应答的及时反馈形成互惠的交互关系。触觉既非理解行为，又非控制行为，因为爱抚不在于逮捉、控制，更非揭发、暴露，而是探求、摸索、寻觅，一种逃向不可见的触觉运动。

触觉伦理中，我并未凸显或张扬，我专注于享受，享受中，“我”并非突出了，而是消失了、丢却了、遗忘了，投入并没入对方，不再执着于我。在短暂疯狂的性爱庆典中，“新一波交融的器官嬉戏，自我丧失了，就如同一波波潮起潮落的海浪相互穿刺、迷失在彼此中”[1]——肉质在快感实践中交融，但，交出自己，首先献出了自己。

快感的实践者在欲望之中等待欲望、守候欲望，“我的欲望只能在一种条件下真正满足这种欲望，我在对方身上唤起了与我的欲望相同的一种欲望，爱情就其本质而言乃两种欲望的完美契合”。[2] 若说革命是对生命的否定，其人际是彻底坏掉的人际关系，快感则是对生命的肯定，其人际是良好人际标本，它是对关系的经营，亦是对人际嫌隙的缝合——因为人生经历始终伴随创伤经历，不可避免地伤害或被伤

1 巴塔耶：《情色论》，第 73 页。

2 巴塔耶：《色情史》，第 93 页。

害，与他人的关系虽是创伤性的，但创伤可以在快感实践中修复。

（3）

触觉，作为人类最古老、最原始的感官，或许是“最难伪造的感官”，亚里士多德相信“真正的享受来自触觉”。[1]较之其他感官，触觉或许最不讲道理，却最为诚实，因感性、活跃、敏锐，而富有激情，满含诗意，“一经激发，其情绪的陪衬总是特别浓厚”。[2]

充满感性体验的快感实践，饱满、充沛、和惬、快适、欢柔、喜乐，系日常劳作过程中个体与自我的真实关系，亦是与他人发生情意款洽的愉悦关系，在触觉关系的激情表达中，两个孤独的灵魂得以相遇，融为一体，赤裸状态作为沟通状态，显出“个人超越自我局限、追寻生命连贯的可能性”。[3]因而两性相慰的快感实践具备双重性：浸入享受，停留于自然的生理层次；又兼及超越性，打破我的孤独，积极与他人发生关系，进入社会（享受之中又短暂脱离社会），人之自然属性与人之社会属性在爱欲中互生、互见、互问，形而下的生物需求与形而上的伦理关系完美统合于快感实践。

1 亚里士多德《尼各马科伦理学》1118a30。

2 [英]霭理士：《性的道德》，《性心理学》，潘光旦译注，北京：商务印书馆，1997年版，第49页。

3 巴塔耶：《情色论》，第73页。

与他者的关系是现在时的，却始终指向现在之后，现时与将来之间的这段落差，提示了我的缺失。汲汲于快感的途中，与他人的关系经由欲求而显现，“欲求”表明我的残缺、匮乏与不足，与饮食等快感享用不同，性爱实践是自由个体之间自愿达成的合作，独自一人无法制造快感，由于欲求，我向他人开放，或者他人召唤我去欲求。

占有可欲之物，实现满足，但这种满足不仅无法满足，且不可自我实现，快感是溢出我之能力以外的某些东西，须由他人授权，方能充分履行，“享受里包含着不确定和不安，原因之一在于享受是依赖于他物而存在的”，享受的幸福被“与他人的幸运相遇”所左右。快感实践来自他人的合作、分有、互馈，以爱抚传唤快感，由此观之，快感是两人相配莫逆与倾情给予，不可自体丰盈，[1]这揭示了我的有限与脆弱——无法摆脱的有限性及根深蒂固的脆弱性——“未来的不确定性损害了享受，这种不确定性使人从享受中联想到一件事，即自己的独立性内在地包含着依存”。[2]

快感实践并非同词语打交道，而是同另一具身体打交

1 可网罗天下少艾的希耶罗坦承：“欢悦只有在人家自愿的时候，才会是最甜美的”，违背他人意志而发生关系，这不是情爱，“倒像是强取豪夺”，结果被仇恨，被厌烦，“这毫无疑问都是伤心的经验，而且是那样的可怜！”色诺芬《希耶罗》I:34–36，科耶夫等：《驯服欲望：施特劳斯笔下的色诺芬撰述》，北京：华夏出版社，2002年版，第247—248页。

2 港道隆：《法外的思想》，第77页。

道，希冀与其联结、对接，然则，这种说法依然不够准确。主体是欲望的分泌物，并由欲望滋养，可是，并非欲望对方的身体，而是欲求对方的欲望，并欲为对方的欲望对象，被对方所欲望。因而，两具身体的链接是自由支配身体的结果，是欲望之欲望的自然结果。

肌肤的裸露

任何单边的欲望只是爱欲的条件，只有欲望遭遇欲望，才构成快感实践的要件。欲望欲求欲望，欲望唤醒欲望，进而身体唤醒身体，对方的欲望呼召我去欲望，我的欲望招呼对方的欲望，两具动态的身体是种可逆的颠倒关系，步入互惠的融洽关系，没有敦促、吁请、挟持，未见命令、训示、呵斥。柏拉图《会饮》中的诗人阿伽通赞颂爱神的品格：爱神与暴力无缘，却可以征服战神，暴力把握不住爱神，因为爱“是出于自愿，双方情投意合才是爱情王国的金科玉律”。[1]

生命期待幸福的相遇，一具躯体本应在黑暗中与另一具躯体交汇，缠绵缱绻，不料却被生硬拽入光明，毙命于群众专政之手，暴尸街头。革命伦理是势不两立、你死我活的敌友论，相互斗争、排斥、压迫、剥夺，犹如铿然金属（如镰刀、榔头）剧烈碰撞引发的火星四溅及刺耳呼啸；快感伦理则是默契合作，相互出让、支付、给予、承认，柔软躯体的触碰以及黏稠液体的分泌所带来的快慰充盈，在黑暗中排除第三方，发生两人应该发生的关系，且关系的嫌隙在关系中消释。

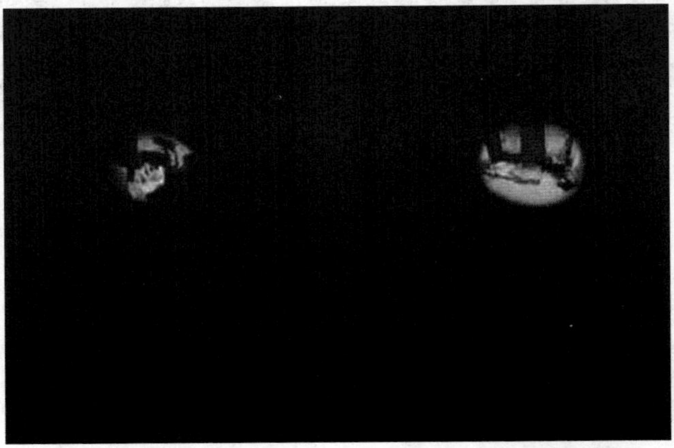

黑夜序曲

1　柏拉图：《会饮篇》196B–D。

在性爱的实践中，快感是其唯一的真理。快感的守望者走入黑暗的幸福角落，肌肤的裸露，声音的质感，指尖的颗粒，包括急促的喘息，飘忽的气息……充分制造感性愉悦。两具情绪浓郁的炽热躯体在仓促之中有条不紊，妙手天成，轻触、缓移、游动、停息，然后继续摩挲，周而复始，整个过程仿佛一曲时而轻曼、时而欢快的即兴乐章。触觉的诱引是“关系的一种表述”，形成自洽的伦理关系，在呻吟、呢喃、倾听、爱抚中，相互交付、使用，被分—享、被分—受，从而引出与他者遭遇的非暴力美学。快感实践不仅提呈艰涩的形而上命题，“性和性爱伦理问题是伦理学问题当中最困难和最深刻的”[1]，同时提交谜样的哲学，“一种关于黑暗的哲学——在黑暗中他者决不会被看见、知悉或拥有”。[2]

唯有置身夜晚，始得触摸灵魂的脉动，认清最真实的自我模样；且灿烂、绚丽的无名黑暗，成全关系的人生，他者的到来，开辟另一个可能的世界，“我”从孤独中出逃，步入关系，但这种关系不是单向的吞噬与被吞噬的关系，而是可逆的交互关系，“关系既是被择者又是选择者，既是施动

1 [俄]别尔嘉耶夫:《论人的使命：悖论伦理学体验》，张百春译，上海：学林出版社，2000年版，第302页。

2 [英]柯林·戴维斯:《列维纳斯》，李瑞华译，江苏人民出版社，2006年第1版，第34页。

者又是受动者”。[1] 相遇的人生启动关系的人生，生活因“领承了关系力量而充满实在性”。

黑暗并不打算与光明对立，亦非向白日的居留或过度，而是力避光明的专政或宰制，不被即将到来的曙光剥除，“困难的倒是去保持此黑暗的清澈，去防止那不合宜的光亮的混入”（海德格尔）。黑色的夜给了顾城一双黑色的眼睛，他大可不必用来寻找光明，否则，阿波罗之神的莅临将会启动新一轮的暴力，这种光明的咒诅不是在顾城的命运中实现了么？黑夜永远滞留于黑暗，不期待黎明的惠顾，相反，一个光明的世界需要黑暗之神的救赎。

“向黑暗致敬！”

1 [法] 马丁·布伯：《我与你》，陈维纲译，北京：生活·读书·新知三联书店，1986年版，第26页。

欲望的欲望

萨特对海德格尔的“此在”颇有微词，因为它丢失了性征，是无性的存在；列维纳斯亦有类似抱怨：海德格尔的“此在”永远不会感到饥饿，自然无法理解他人的饥饿。这，莫非昭示人是欲望的存在物？！卢梭的看法：“人的智力很大程度上依靠欲望推动，人的欲望在很大程度上也依靠智力才能满足，正是由于这两者的活动，理性才得以逐步完善。”[1]

> 旧道德哲学家所说的那种终极的目的和最高的善根本就不存在。欲望终止的人，和感觉与映象停顿的人同样无法生活下去。幸福就是欲从一个目标到另一个目标不断地发展，达到前一个目标不过是为后一个目标铺平道路。[2]

---

1 [法] 雅克·卢梭:《论人与人之间不平等的起因和基础》，李平沤译，北京：商务印书馆，2007 年版，第 59 页。

2 霍布斯:《利维坦》，第 72 页。

这是霍布斯《利维坦》提交的幸福论，可能是“欲望学说史”上最大胆、最直白、又最为臭名昭彰的欲望学说，呼应《利维坦》开篇言及从人心角度探究人性的写作意图，并为如何结束自然状态的契约理论凿道开渠（休谟基于人性论阐发政治思想，显然承自霍布斯）。若说马基雅维利为邪恶辩护，霍布斯则为欲望正名，视欲望为“世界之常道”，因为一个人不可能处于无欲状态，只有死人才没有欲望。

关于欲望的定义，历代大家有无数说法，但在伦理学中，欲望这一概念极端复杂。欲望是对“对快乐的欲求”，亚里士多德据柏拉图的灵魂三分说，将欲望划分为不同层次：对善的欲望（理性）、对情感的欲望（血气）、对生理需求的欲望（非理性）。斯多亚和基督教之后，欲望一词逐渐狭隘化，直接等同欲求身体愉悦的满足，诱促民众以非理性行动来获取这种满足，故被视为邪恶。自霍布斯始，“欲望”观再度发生突变，之前因欲望的邪恶品质而耻于谈论，如今却是一种善，至少不是一种恶（或原罪），而是人之本性，一种人性的无辜，可以摆上台面公然求之。

霍布斯《论公民》贸然宣称：欲望并非邪恶；《利维坦》为欲望辩护：“贪得巨富或热衷声名是令人尊重的，因为这是获得权势的象征。”施特劳斯视霍布斯为“鲁莽顽劣、破坏偶像的极端派，第一个平民哲学家”，将政治理想主义贯注于享乐主义，于是，霍布斯成了“政治享乐主义的创始人”。[1]施特劳斯发现，现代人将“自然正当”偷换为“自然权利”，无疑发端于霍布斯。[2]但是，霍布斯对自然权利的理解迥异于古人，所谓自然权利，“就是每一个人按照自己所愿意的方式，运用自己的力量保全自己的天性——也就是保全自己的生命——的自由。因此，这种自由就是用他自己的判断和理性认为最适合的手段去做任何事情的自由”。[3]自然法则不再被看作是主导原则，而是从属物，它派生于天赋的自我保存的权利，道德和政治的基础不在于自然义务，而在于自然权利，这样一种完全背离传统伦理—政治观的崭新精神

1 [美]列奥·斯特劳斯：《自然权利与历史》，彭刚译，北京：生活·读书·新知三联书店，2006年第2版，第172页。

2 “传统的自然法，首先和主要地是一种客观的‘法则和尺度’，一种先于人类意志并独立于人类意志的、有约束力的秩序。而近代自然法，则首先和主要是一系列的‘权利’，或倾向于一系列的‘权利’，一系列的主观诉求，它们起始于人类意志……霍布斯显然不像传统学说那样，从自然‘法则’出发，即从某种绝对无可非议的主观诉求出发；这种主观诉求完全不依赖于任何先在的法律、秩序或义务，相反，它本身就是全部的法律、秩序或义务的起源。”[美]列奥·斯特劳斯：《霍布斯的政治哲学：基础与起源》，申彤译，南京：译林出版社，2001年版，第2、186页。对霍布斯而言，义务是有条件的，权利却是无条件的，“世间只存在一项不折不扣的权利，而并不存在什么不折不扣的义务”。施特劳斯：《自然权利与历史》，第185页。

3 霍布斯：《利维坦》，第97页。

成了现代精神。[1]

洛克表面上拒绝霍布斯的自然权利概念，却暗中拓展霍布斯的思路，欲望不单是自我保存的欲望，更是追求财富的欲望。洛克以后，人际形态由政治人转向经济人，开启资本主义商业精神，引来众多学人的论述，以致后来的康德深信：大自然通过互利原则将各个民族结合，互利的商业精神与战争无法共处，它“迟早会支配每一民族”，因为资本才是最可靠的国家硬实力。[2]亚当·斯密的经济学为资本主义商业精神提供伟大的理论性基础，韦伯的新教伦理为其提供雄辩的现实性依据，基督教原本是穷人的宗教，韦伯的伟大在于，将其改造为富人（或打算成为富人）的宗教，“对来世幸福的关切转化成为了今世快乐而工作的动力”。要之，财富的积累取代了美德的锻炼，同样可以给人带来荣誉。

霍布斯的思想上承伊壁鸠鲁—卢克莱修的快乐主义，[3]下启边沁—密尔的功利主义（比如，密尔以为：没有欲望的人，也是没有性格的人，“欲望和冲动确是一个完善人类的构成部分”[4]），其思想开

1 施特劳斯：《马基雅维利》，[美]列奥·斯特劳斯、[美]约瑟夫·克罗波西主编：《政治哲学史》（第3版），李洪润等译，北京：法律出版社，2009年版，第283—284页。

2 [德]康德：《永久和平论》，何兆武译，上海人民出版社，2005年版，第38页。

3 梅奥：《伊壁鸠鲁与霍布斯》，覃世艳译，罗晓颖选编：《菜园哲人伊壁鸠鲁》，北京：华夏出版社，2010年版，319—331页。

4 密尔：《论自由》，第70页。

创了现代伦理体系。对伊壁鸠鲁来说，快乐就是善；对霍布斯而言，欲望的满足就是善。先贤力图以德性驯服欲望，霍布斯则顺从欲望，既然人之欲望的满足是自然的、正当的权利，现代性伦理就打开了人之欲望的闸门，人民自此迈入经济主义时代，而政治服务于经济——所谓现代化，即欲望的公开化、合理化；所谓现代民主社会，允许每位个体实现力所能及的欲望最大化。“奥古斯丁笔下的原罪及极度悲哀之源，霍布斯笔下的身体需求，成了仅仅是‘自然性的’需求……最终到了亚当·斯密和米尔顿·弗里德曼的笔下就成了社会德行的无止源泉”，[1] 比如，18 世纪之前，奢侈品消费被普遍视为非道德的需求，曼德维尔、斯密、休谟、孟德斯鸠等人反对古典道德观，为奢侈辩白，将奢侈行为无罪化，甚至以为奢侈有助于推动公益建设和社会发展。[2]

若说亚里士多德伦理—政治学的核心概念是“美德”，认为善优先于权利，霍布斯伦理—政治学的核心概念则是“权利”，强调权利优先于善。霍布斯的权利概念介于道德原则与自然原则之间，但否认终极之善的存在。霍布斯以为亚里士多德固然深刻，但是虚伪。自霍布斯之后引发的权利政

---

1 [美] 马歇尔·萨林斯：《甜蜜的悲哀：西方宇宙观的本土人类学探讨》，王铭铭、胡宗泽译，北京：生活·读书·新知三联书店，2000 年版，第 11 页。

2 详见 [美] 克里斯托弗·贝里：《奢侈的概念：概念及历史的探究》，江红译，上海人民出版社，2005 年版，第 101—171 页。

治学，实质是欲望政治学。欲望政治学在叔本华笔下是一种生命意志学，伊格尔顿以为叔本华或许是倾力谈论欲望的首位现代思想大家，“经叔本华之手，欲望成了人类舞台上的主角，而人类主体本身只是欲望的驯顺承载者或仆从”。[1] 欲望政治学被叔本华曾经的信徒尼采极度强化，欲望作为一种生命意志，被改造为欲望作为一种权力意志，尼采削弱叔氏“否定生命”的悲观主义基调，以积极姿态坦然面对欲望：“欲望全部是有益的……最强的欲望，也就是最宝贵的欲望。在这个意义上说，这是最大的力量来源。”[2]

尼采之后，“欲望学”迅速泛化为显学，在弗洛伊德学派中找到安身之所，被结构主义精神分析充分发挥。“欲望”被不断拔高，正式走进学术正厅，纳入研究课题，成了现代思想最重要术语之一，并在种种后现代主义论说中安营扎寨，予以全方位阐扬（典型如德勒兹《反俄狄浦斯》和利奥塔《力比多经济学》）。法国周刊《新观察家》登载巴特关于欲望的访谈，巴特站在后现代立场为欲望提交辩词，以为文明的危机是欲望的危机：

1　[英]特里·伊格尔顿：《欲望之死：阿图尔·叔本华》，《历史中的政治、哲学、爱欲》，马海良译，北京：中国社会科学出版社，1999年版，第273页。

2　[德]弗里德里希·尼采：《权力意志——重估一切价值的尝试》，张念东、凌素云译，北京：商务印书馆，1991年版，第319页，第931节。

> 我认为今天这一代的人已经不太能够理解什么叫做欲望。有许多活动看来已经不像是真正的欲望的活动，当一个人深刻感受不到欲望的存在时，那就是一种病态，不是道德的，而是身体上的，一个没有欲望的人会变得萎缩，今天大家谈到文明的危机，其实指的是欲望的危机。[1]

生命法则是欲望，那么，何为欲望的欲望？

对欲望因理解不同而读法多样。以列维纳斯对犹太口传经典《塔木德》的释义："欲望的欲望是知的欲望"，这是对哲学的欲求，"与不加检验便知一切的智慧相对抗"[2]；以科耶夫对黑格尔主奴辩证法的细考：欲望的欲望是承认的欲望，"对得到承认的欲望说到底就是对欲望的欲望。因为，想被承认为一种价值也就是希望被别人所'欲望'，就这个词宽泛的意义而言（例如被'赞美'）。"[3]无论何种欲望，均为"对不期之物的期待"[4]，且具备双重含义：欲求他人所欲之物，并

1 《罗兰·巴特访谈录》，刘森尧译，台北：桂冠图书股份有限公司，2004年版，第247页。

2 [法]埃马纽埃尔·列维纳斯：《塔木德四讲》，关宝艳译，北京：商务印书馆，2002年版，第44页。

3 [法]科耶夫：《黑格尔、马克思和基督教》，李琍、徐卫翔译，科耶夫等：《驯服欲望：施特劳斯笔下的色诺芬撰述》，第13页。

4 [法]雅克·德里达：《论好客》，贾江鸿译，桂林：广西师范大学出版社，2008年版，第121页。

欲为他人可欲之物。提请注意，无论怎样解释欲望，“欲望比对欲望的解释更强而有力”。[1]

人之存在基础是欲望，此论不足为奇；若说“自我意识就是欲望”，[2]那就有点费解了，“自我意识”如何能够与“欲望”划上等号？

自我意识三部曲

痴迷于客体（如偷窥者的感性认识或沉思者的知性辨析），被对象诱引，没入其中，客体反吞噬主体，主体在深深浸于对象的意识活动中被取缔。偷窥或沉思可以揭示对象，却无法自觉意识到自我，换言之，偷窥者或沉思者的行为动作与思想活动一味向外，并不涉及自身行为或自我认识。在被对象诱引的意识状态中，物我处于原初的、同一的融化状态，尚未分化，自我意识是缺位的，等待被发现、唤醒、出场。那么，如何发现或显现“我”这一主体的实在性？

意识发展到一定阶段，就会意识到，作为对立于客体的主体一定存在，物我开始分离，自我意识由此启动——“我

1 ［法］罗兰·巴特：《法兰西学院就职讲演》，《写作的零度》，李幼蒸译，北京：中国人民大学出版社，2008 年版，第 191 页。

2 ［德］黑格尔：《精神现象学》（上卷），贺麟译，北京，商务出版社，1979 年第 2 版，第 120 页。

自我迷失于全神贯注的偷窥之中

知道对象是我的对象”。[1]可是，人首先是欲望的存在物（囿于欲望的满足），而非意识的存在物（因为欲望不受思维的决定），通过欲望，我意识到了我的存在，并意识到“对象包含有满足欲望的可能性，对象因而是与欲望相适应的，而正由于这个原因，欲望就被对象激发起来”。[2]欲望被对象唤醒了（欲望不是逐渐到来的，而是一下就觉醒的，好比外来的噪音将我从睡梦中突然惊醒），通过欲望反观自我，从外部世界折回本体，借由欲

1 ［德］黑格尔：《精神哲学——哲学全书·第三部分》，杨祖陶译，北京：人民出版社，2006年版，第424节。

2 同上，第427节。

望重新觅得暂时被遗忘的“我”，意识到自己首先是一位欲望者。

欲望让我意识到了我以及我的在场，并意识到了对象的独立性，同时，我在对象中看到自己的匮乏与缺失，进而扬弃对象、否定对象，故“意识的行动”首先是“一种欲望行动”。[1]与偷窥或沉思不同，欲望是一种冲动，促使我去行动，接下来便是否定性的动作：将非我的存在转化为我的存在，如食欲的满足：一种否定性的破坏（消灭食物），满足了一种肯定性的建设（维持生命）。不过，这只能说明欲望触及自我感觉（意识到自己的存在，作为对立于客体的主体而存在），尚未抵达自我意识。由意识上升为自我意识，尚缺一个环节。这一环节究竟是什么呢？

动物亦有欲望，由欲望产生意识，对动物而言，最高价值是保全生命（所有欲望皆围绕生存而展开），但人之欲望则远远不满足如此单纯的生命需求。所谓的生物性需求就是动物的目的论，以维持生命及生命的延续，其所有行为皆服务于生命法则。由于动物的意识停留于基本生存的实现，因而无法超越自我感觉，这决定其欲望仅是生物性的条件反射。人作为动物之一种，其存在就是其欲望，但人与动物不同，概在于除了生物性需求，还有更高的社会性需求：渴望荣誉与尊严（如攻克敌方堡垒后荣膺一枚金质勋章），从而换取承认，收获赞

1　黑格尔：《精神现象学》，第240页。

美，赢得敬重，进而彰显生命意义与存在价值。是否具备对荣誉的强烈欲求，彰显人之品质的差异，对于卑鄙之人，给点好处就可收买，但对于“非常爱好荣誉”的高贵之人，给予尊重，才是最善意的相待。[1]

色诺芬笔下的诗人西蒙尼得斯，对不大招人待见的叙拉古僭主希耶罗讲述为君之道，陈词委婉：

> 在吃喝、睡觉以及性爱方面，所有动物的快乐没有什么两样。但对荣誉的热爱却不会植根在禽兽的心里，也不是每个人都会有的。一旦对荣誉和赞美的激情渴望深深地植根于一些人的心中，便与旷野之中的野兽截然不同了，这些人就可以算作是真正的人而不再是作为人的动物了……

西蒙尼得斯告之希耶罗：荣誉是伟大之物，“人们会忍受种种折磨和危险来追求它”。[2] 同为国君，波斯王子居鲁士（后来的居鲁士大帝）自幼受人爱戴，色诺芬以为，这是因为居鲁士内心有三种爱：“对人、对知识、对荣誉的热爱”，尤其后者：

1 色诺芬《回忆苏格拉底》II.3:16。

2 西蒙尼德斯补充道：“没有任何别的属人的快乐，要比与荣誉联系在一起的快乐更接近于神圣。”《希耶罗》VII：1–4。

> 为了荣誉，他可以承受各种艰难困苦，敢于面对各种危难。[1]

寻求“被承认”的欲望深嵌人性内部，它是人类行为动机的原型，是所有欲望的总源头。亚里士多德以为：爱荣誉可获“灵魂上的快感”[2]；斯宾诺莎认为：荣誉是一种观念的想象——想象着某种行为受人称赞而来的快乐。[3] 人类不会滞留于自然需求，还有更高一层的社会需求：被承认之欲望的实现或满足。

每个人都需要观众，希望被看见，被关注，被认同，甚至被消费，被适当利用，从“被围观”中刷存在感，从“观众的鼓掌叫好”中获得一种被尊重感，此乃人之常情。

所谓被他人承认，不仅希望另一个人认可、同意、接纳

1 色诺芬《居鲁士的教育》I.2:1–2；参见色诺芬《会饮》（VIII:37）“对荣誉热切的渴望完全无需再做争辩，这种渴望使他可以承受各种艰辛和苦难……”色诺芬《回忆苏格拉底》（III.5:3）“雅典人是最爱好荣誉、最慷慨大度的人，这些美德肯定会使他们为着荣誉和祖国甘冒一切危险而不辞。”

2 亚里士多德《尼各马科伦理学》1117b30。

3 斯宾诺莎：《伦理学》，贺麟译，北京：商务印书馆，1983年第2版，第三部分第30节。“渴望是想要占有某种东西的欲望或愿望，这种欲望由于对那物的回忆而加强，但同时由于对别的足以排斥那所欲的对象的东西的回忆而被阻碍”（第32节）；“好胜是对于一物的欲望，这种欲望之发生是由于我们想象着别的人有同样的欲望”（第33节）。

我之所是，肯定并称许我的价值，更进一步，我代表的价值是他所欲求的价值（“归根结底，一切欲望都是对一种价值的欲望”[1]）。欲求他人的承认就是欲求他人的欲望，因而，被承认＝被欲望。当尼采说道“人们最终热爱自己的渴望，而不是热爱得到的东西”，[2]是对人之欲望的准确理解。

人之欲望为了他人的欲望而存在，因而人对人的欲望具有欲望。在获取承认的欲望中，欲望必须针对另一个人的欲望，并超越动物的欲望，方有“被承认”的可能，进而获取自我意识，建立起自我意识。因为，如果我的欲望针对的是自然对象（如食色），那么我的欲望仍处于自然欲望的状态，囿于自我感觉，与动物无异，换言之，我仍处于既定的动物式生存，不可能超越生物性满足。而唯一超越生物性满足的必备要素，便是欲望之欲望——欲望他人的欲望，并欲为他人的欲望对象。

由意识发展为自我意识，其充分条件在于欲望之欲望，而人的欲望只能针对另一个社会性的欲望，从而否定单纯的自然性或生物性的存在。除了基本需求满足的欲望，人之其

---

1 [法]亚历山大·科耶夫：《黑格尔导读》，姜志辉译，南京：译林出版社，2005年版，第4页。

2 [德]尼采：《善恶之彼岸——未来哲学的序言》，宋祖良、刘桂环等译，桂林：漓江出版社，2000年版，第175节。

他欲望，皆为承认的欲望，这是超越动物欲望之外的欲望。[1]动物的欲望是自然欲望，指向自然对象，而人的欲望超越自然对象，指向他人的欲望。譬如，人与动物皆有食色的欲求，对动物来说，食色的获得是为了生存之需，但对人来说，早已不满足于此，食色的欲求早就被夸张为金钱与美女了，获得这些是为了换取承认，被人羡慕。这虽然属于较低层次的虚荣之满足（与奥运百米赛跑中拔得头筹的承认之满足，精神境界上不在同一档次），却是常人的最真实欲望。单就“色”而言，对其欲望包含双重状态：欲为她的可欲对象，并欲望他人所欲求的对象。这双重欲望皆为欲望他人的欲望，实则为了获得“被承认的满足”。

欲望之欲望的引入，意识随即上升为自我意识。自我意识，即对自我的意识，亦是对被反思意识的意识（如费希特将哲学定义为“关于意识的意识”，以自我意识为始，以自我意识为终）。显然，黑格尔对“自我意识”的用法与前辈稍有不同。唯有我之欲望面向另一个人的欲望，并试图占有其欲望（譬如，被对方承认、被对方羡慕、被对方欲求），即欲望遭遇欲望，这不仅是

1 人所以不愿沦为低级存在物，密尔认为，源于对高贵感（即荣誉）的热衷，名言“做一个不满足的人比做一头满足的猪要强”印证此说。[英]密尔：《功利主义》，刘福胜译，北京：光明日报出版社，2007年版，第17—18页。按科耶夫的说法，人之异于禽兽，在于被承认的欲望，按孟子说法：人之异于禽兽，在于恻隐之心，对人性的不同理解，彰显中西方文化的距离。

属人的欲望，更是“创造出一个本质上不同于动物的‘自我’的自我”[1]，从而引出自我意识[如今流行的博弈学，是两个“自我意识”的较劲，将他人意识纳入我的意识之中(或自我意识切入他人意识)，两个“自我意识”彼此设身处地而又居心叵测地猜度对方心思：他若采取这般如此的行动，我便给出如此这般的回应]。素以抽象、晦涩、冷静而著称的黑格尔，以罕见的浪漫语言描述自我意识：

> 一个自我意识对一个自我意识，这样一来，它才是真正的自我意识……意识在自我意识里，亦即在精神的概念里，才第一次找到它的转折点，到了这个阶段，它才从感性的此岸世界之五色缤纷的假象里并且从超感官的彼岸世界之空洞的黑夜里走出来，进入到现在世界的精神的光天化日。[2]

古希腊著名医学家希波克拉底以为：人类对饮食的革新(如不再茹毛饮血)而摆脱了动物生活。黑格尔显然要比希波克拉底深刻许多。自我意识既独立又依赖于他人(“独立性生存”和“依赖性生存”正是社会的特征)。可以假设，某人出生即与世完全隔绝，那么，此位绝对的孤独者没有自我意识，更难意识到自己是一个人：一位有别于动物的人。人之为人的标记是

1 科耶夫：《黑格尔导读》，第 5 页。

2 黑格尔：《精神现象学》，第 122 页。

自我意识的出现，自我意识向自我显现，且向他人显现，代词“我”一经口出，我已然觉察我的独立、我的在场，并隐然指涉在场或不在场的“你”或“他”；当说出“我……”时，我懂得了外物是非我的存在，并对立于我。若说在偷窥（甚至性爱享受）之中，“我”消失了，那么在汩汩泵出的欲望之欲望中，“我”彰显了，自我意识挤入意识的地盘，即，生物性的自我感觉上升为社会性的自我意识，人在此成全。

正是欲望的欲望滋养了人、构成了人、创造了人。欲望的欲望，可视为“关乎人类起源的欲望”[1]，亦铺设一个属人的社会，换言之，由于欲望的相互欲求，孵出人类固有的生活环境和生存样式。黑格尔以为，唯人有得到承认的欲望，希望别人认可“我”作为独立个体的特出价值，渴求其独特性被视为普遍有效的绝对价值。既然人人宣称“自我”的独特性并期待他人承认“我”的绝对性（不啻人人都不愿否弃自我而承认他人），那么，为坚守自我的唯一性，迫使他人对我的承认，人际的紧张对峙顿然形成（霍布斯言：人人希望他人对自我的评价与自我评价相符，若评价过低，便强求对方做出更高评价[2]）。人之所欲，势必相争，只要两个渴望承认的人彼此遭遇，一场为了名誉的生死之战一触即发（为争取承认而展开的激烈对抗，不限

1 [法]科耶夫：《法权现象学纲要》，邱立波译，上海：华东师范大学出版社，2011年版，第225页。

2 霍布斯：《利维坦》，第94页。

于人际之间，也可应用于国际关系，如美苏争霸）。

承认，是以求不朽，是人类根深蒂固的不朽意识在作祟。左派知识分子科耶夫以为：甘愿冒生命之险获取他人承认，在这一层面上，人才是真正人性的，两个欲望体对抗，“人的存在才能形成”。

弗洛伊德以“死亡本能”（这是一种“原始的、自我生存的本能属性”）描述霍布斯的自然状态学说，人类天生具备进攻本能，导致人际间塞满敌意，为使人类不因敌对意识而灭亡，自有生存本能与破坏本能相抗衡。[1]黑格尔同样借用霍布斯的自然状态理论，推出一套主奴辩证法学说。特殊者要求得到普遍的承认，可是，人并非孤独在世，亦非在孤独中成就其人性，人欲望着他人的欲望，但这个他人也“在为自己欲望着那个欲望着他的欲望的人的欲望”，他也期待被承认，因而对承认的欲望势必引发战斗的风险。[2]为追逐、猎取、获致他人的承认，作为自由主体的我与他，皆试图置对方以对象地位，并希望获得对方承认，两位独立个体的动手开打在所难免，不惜肉搏直至以命相拼（“为荣誉而战”）。基于对死亡的恐惧（对整个物种有益的惶恐与訾惧），也出于对承认的需求，因为活人无法从死人那里获取承认（甚至只有死人被活人

1　［奥］西格蒙德·弗洛伊德：《文明及其缺憾》，傅雅芳、郝冬瑾译，合肥：安徽文艺出版社，1987年版，第69—70页。

2　科耶夫：《法权现象学纲要》，第259页。

承认，而活人是不可能被死人承认的，“最大的名望归死人所有”），一方屈从另一方，另一方接受对方的臣服，主奴关系形成了（“要么作为一个奴隶的主人，要么作为一个主人的奴隶”），出现社会的同时产生政治、制度、法律（为承认而战也就是为权利而战），于科耶夫，“对承认概念的分析，揭示了人性或历史实存之法律、政治与社会的构成环节的起源和本质”。[1]

动物虽有危险意识，但没有死亡意识，正是人类独有的“死亡意识”为人之诞生准备了条件。关于初人如何脱离生物性的自然状态，霍布斯与黑格尔的切入点颇为不同：前者基于恐惧（暴尸荒野的恐惧），为自我持存而结束斗争；后者基于冒险（以生命为赌注的冒险），为求得承认而开启斗争，因为人只有超出自我保存的欲望，才称其为人，超出自我保存，就是将生命押在“被承认”这一赌盘上。科耶夫称黑格尔的辩证法是否定哲学、死亡哲学，不无道理。若打算实现自我，伸张其人性，必须果敢冒死亡的危险，为要求他人承认而不惜舍弃自我生命（即培根所言的“荣誉之尊高于死亡”）。主性的获得是对战斗危险的确认，奴性的获得是对战斗危险的拒绝，主人之所以成为主人，仅因摆脱了求生本能的制约，奋不顾身地迎接死亡；奴隶之所以沦为奴隶，仅因贪念生命而过于胆怯，不愿担负死之焦虑，不愿挣脱与生俱来的生物性

1　科耶夫：《黑格尔、马克思和基督教》，科耶夫等：《驯服欲望》，第15页。

桎梏。科耶夫的主奴学说虽是推论性的，却符合史实：古代奴隶多为战败而屈膝的敌人。[1]生命与自由同样重要，但失败者（奴隶）选择了生命，放弃了自由，伯里克利对阵亡将士的讴歌很好证明了自由人执着于荣誉而不惧死亡。[2]

生命与死亡的捉对厮杀，死亡显然占据上风，因为死亡绝对是最大赢家，除了不朽之物，任何事物奈何不得死神。在这场质押生命的豪赌中（用生命孤注一掷，博得对方的承认），主与奴有着本质上的不同，乃因前者具备为承认而死的意愿——否定自身的动物性，仅仅为了肯定其人性。[3]主人以死亡（否定自己的自然属性）换取对方的承认，奴隶则以承认对

1 参见柏拉图《理想国》386B：战斗时，勇敢者宁死不屈而不愿为奴。色诺芬《回忆苏格拉底》II.1:13：弱者为避免和强者对抗而接受奴役。

2 “宁愿在抵抗中牺牲，也不愿在屈服中偷生……只有对荣誉的热爱是永恒的，使一颗年老而不幸的心得到快慰的，是荣誉，而不是像有些人说的，是利益。”[古希腊]修昔底德：《伯罗奔尼撒战争史》，徐松岩译注，上海人民出版社，2011年版，第154、156页。

3 “只有死亡才能保证黑格尔意义上的‘精神或辩证的’存在物的实际存在。如果作为人的自然属性的构成部分的动物不死；而且，如果死亡并不是作为痛苦之源而寓于他身上，那么，就没有自由的人、历史的人和个体的人。换句话说，如果他纵情于仍然令他恐惧的事物，如果他就是那个和他自己同一的存在，即可能作为（同一）存在本身的人而存在，那么，人就真正是一个人：他自己就同动物分别开来。”[法]乔治·巴塔耶：《黑格尔、死亡与献祭》，胡继华译，汪民安编：《色情、耗费与普遍经济：乔治·巴塔耶文选》，长春：吉林人民出版社，2003年版，第270页。

方换取自己的生命（肯定自己的自然属性）。[1] 正是以舍弃自我为赌注，以生命相要挟，人性才被确认，并被承认，而贪生怕死的奴隶只好甘拜下风，放弃被承认的欲望（亦让出自己的权利和自由），任凭主人摆布，主人的义务是不再进一步伤害奴隶，甚至给予必要的保护。

人性的确立基于对动物性的否决，动物性去除了，人性彰显了——而人性就是精神性的存在。[2] 寻求被承认的迫切需求，实则对尊严的强烈要求，只有人会为了尊严而奋不顾身，因为尊严是一种比生命价值更高的价值。哈姆雷特呼喊道：“真正的伟大不是轻举妄动，而是在荣誉遭遇危险的时候，即使为了一根稻草之微，也要慷慨力争。”自我保存不是一种欲望，而是一种本能，与动物无异的本能，若不否定

1 动物竞争的唯一目的是围绕生存资料，如争夺配偶（色）、抢占食物（食）。同类动物的正面对抗，相当讲究策略，很明智，很冷静（至少不会出现人类那样不计后果的意气用事、孤注一掷），多为试探性的仪式化格斗，鲜有实质性的致命攻击，比如，两匹雄性响尾蛇狭路相逢，互不相让，颈部彼此缠绕、搏击，检验对方力量，避免不当撕咬以防两败俱伤。动物罕见“溺敌一万，自损三千”的愚蠢行为，入侵者与保卫者以吼叫相持，虚张声势，或毛发耸立（个头看上去大许多），给对方施以心理压力，失败者发出顺从信号，迅速逃离，胜利者也不会乘胜追击，以免对方狗急跳墙，鱼死网破。为生存而斗争的丛林法则出于动物本能，赤裸强权之中没有伦理关系可言。

2 “精神的生活不是害怕死亡而幸免于蹂躏的生活，而是敢于承当死亡并在死亡中得以自存的生活。精神只当它在绝对的支离破碎中能保全其身时才赢得它的真实性。”黑格尔：《精神现象学》，第 21 页。

自身的动物性，就不能成就其人性。以命相拼固然是人之诞生的必要条件，若仅限于抢占食物或争夺配偶，依然出于动物性生存需求的满足，[1]尚未成为人，唯有以命相拼换取他人的承认，才是人之诞生的醒目标记，并升格为“真正的、十足的、不折不扣的主人”。

当被承认时，自我意识开始充分彰显，因为只有当我知道我被他人承认了，我才真正被承认[2]（但此时的自我意识尚未彻底实现，唯有被一切人所承认，即“完全意识到自己的满足，才能彻底满足”，这意味着历史的终结）。科耶夫对主奴不同品格的分析，来自霍布斯对人类品质的构想：“骄傲”与“恐惧”的对立，二者皆为德行的基础。主人的道德就是骄傲（对荣誉的执着），奴隶的道德就是恐惧（对死亡的畏怕）。霍布斯的这一道德学说是对圣经传统的世俗化处理：“有罪的骄傲与对天主有益的恐惧。”[3]施特劳斯以为，在科耶夫的笔下，人这一存在物被设

1 亚里士多德以为：过动物的生活是奴性的生活。《尼各马科伦理学》1095b19–20。

2 “人是为自身而存在的，他能意识到自身或自身的自由，但他意识到这一点的前提是别人的承认，换句话说，只有他被另一个意识或自由承认为意识或自由之时，他才能意识到自己或自己的自由。”皮埃尔·哈斯纳：《弗里德里希·黑格尔》，斯特劳斯、克罗波西主编：《政治哲学史》，第738页。

3 施特劳斯：《霍布斯的政治哲学》，申彤译，第32—33页；《苏格拉底问题与现代性——施特劳斯讲演与论文集：卷二》，彭磊、丁耘译，北京：华夏出版社，2008年版，第33页。

想为“除了追求荣誉以外别无他求”，无独有偶，施特劳斯阐述霍布斯的政治哲学，亦提及对荣誉的猎取导致主奴关系的形成。[1]在承认与被承认的激烈斗争中，人类发展的帷幕徐徐拉开——“主奴辩证法”是历史前行的发动机，“对承认的欲望”为之提供燃料[2]——人之历史是欲求欲望的历史，亦是自我意识逐渐圆满的历史。

综上，欲望的自我意识→承认的自我意识→普遍的自我意识，[3]是圆满实现自我意识的三部曲。

主奴辩证法

（1）

死亡是对生命的粗暴否定，但恰恰是坦然接受死亡，人才成为人。在争取承认的战斗中，情境是正义的，过程亦是

1 施特劳斯：《霍布斯的政治哲学》，第25—26页。

2 [美]列奥·施特劳斯、[法]科耶夫：《论僭政——色诺芬〈希耶罗〉义疏》，何地译，北京：华夏出版社，2006年版，英文版编者导言，第9页。施密特从神学角度提及历史发展的动力：“亚当和夏娃有两个儿子，该隐和亚伯。人类历史如此开始。万物之父便是这幅模样。这就是使世界历史保持运动的辩证的分裂，而世界历史尚未结束。”[德]卡尔·施密特：《从囹圄获救》，《论断与概念：在与魏玛、日内瓦、凡尔赛的斗争中（1923—1939）》，朱雁冰译，上海人民出版社，2006年版，第367页。

3 详见黑格尔：《精神哲学》，第425节。

正义的，因为没有谁是不平等的，也没有谁强迫他人参与其中，而是独立的双方为获取对方的承认，成为真正的人，自由、自觉而自愿地加入斗争，一致同意认赌服输（实现赢家与输家的主宰与臣服关系）。既然这种权衡利弊的行为预设冒险的对等，亦预设了双方的同意，事前知道荣誉赌博存在巨大风险，生命同样受到对方的威胁（每个人都有能力杀死对方），那么，就必须接受残酷厮杀的后果。斗争的起点、过程固然正义，亦具备自然的平等，结局却极为不平等（比如，带来剥削、压迫、奴役），但以科耶夫的观点：这种不平等是正义的，“因为它来自最初的平等”，属于“正义的不平等”。

“正义的不平等”亦是正义，一种“等价性正义”，因为主奴的利益和负担是等价的（战斗的痛苦与被奴役的痛苦等价，且双方各有得失：在主人一方，支配奴隶的利益抵消了生命危险的负担；在奴隶一方，生命安全的利益抵消了被奴隶状态的负担），这种等价性正义终止了“由相互间的、显示了平等正义的同意所发动的战斗”，由此产生了新的正义理念，“一种等价性的正义，就这样被附加在了原初的平等主义的主义之上”。[1]

以生命为赌注的承认之战，是自由个体之间相互约定或默许的，没有谁强迫谁，其间并不存在什么不正义，因而在“承认之战”基础上具备初始的法律契约概念，并使法律契约具备存在的可能性。战斗之初的各方处于平等正义状态，

1　科耶夫：《法权现象学纲要》，第270—278页。

最后走向等价正义状态，“平等性正义”与“等价性正义”的双重正义理念，正是法律契约的起源，反之，法律的进化，亦是正义理念的进化，而正义的历史，“不外乎这种合题在时间中逐渐被展开的历史”。[1]两个独立意志之间的相互同意，确立了自由主义最基本的法则，亦是法律契约最核心的内容。但以科耶夫的论述：这种初始的法律契约并非严格意义上的法律契约，这种“相互同意”只是准法律或准契约情境，由于缺少公正的第三方（立法者、仲裁者），不存在严格意义上的合法性，亦不存在法权。[2]

科耶夫对黑格尔的解说独到且敏锐（列奥·斯特劳斯对其夸赞不已，较之缺乏“生命力的尖锐”的学者，科耶夫是巴黎人中最聪明的：“我知道，在巴黎只有一位真正才华横溢的人，那就是——科耶夫”），不仅影响法国二战一代学者的理论思路（如萨特的存在主义、梅洛—庞蒂的知觉现象学、阿隆的国际关系理论），还开通后学家们的分析论说（如福柯的权力观、巴塔耶的死亡观，德里达的国家观），亦预告现代世界的平权运动（如女权、同志、民族、种族），现代史是一部不断解放争取自由的历史。若说科耶夫是20世纪最具创造性的黑格尔阐释者，那么，马克思是19世纪最杰出的黑格尔阐释者。前者属黑格尔温和右派，后者是黑格尔激

1 同上，第278页。

2 同上，第272、304页。科耶夫认为：最初的相互同意甚至谈不上是协约，因为协约包含了交换概念，而这种决斗是相互排斥。

进左派。马克思深受黑格尔启发，构设一套完备的主奴辩证法学说（由20世纪的职业革命者继承），历史的发展由主奴换位所造就，革命便是主奴关系的逆反、扭转、颠倒，奴隶变成主人，主人变成奴隶。在马克思主义者看来，每一种社会形态皆有一对相互敌视的阶级，双方捉对厮杀（如《共产党宣言》罗列的自由民/奴隶、贵族/平民、领主/农奴、行会师傅/帮工，最终简化为两大阵营：生产资料的所有者与利用生产资料的生产者），力图致对方以被宰制的地位，因而，承认与被承认的关系是一种征服与被征服的关系、压迫与被压迫的关系。

主人为自己而活，奴隶为主人而活。主人歧视、贬损、役使奴隶，奴隶不甘心随便被歧视、被贬损、被役使，当然要起来反抗，争取早日解放。为阻止奴隶自我解放，主人设计出种种意识形态麻痹奴隶，令其失去反抗意识，譬如，宗教就是“神圣的毒药”。但是，奴隶反抗意识的形成尚需时日，因为他们此刻不具备自我意识。奴隶不得不为主人的自然欲望（如吃喝玩乐）而埋头挥汗苦干，像动物一样活着。未曾料及，在不断为主人服务的过程中，奴隶逐渐看清主奴冲突的本质及其历史的规定，“只有在劳动中和通过劳动，人才能最终意识到他在害怕主人对他拥有的绝对权力时产生的体验的意义、价值和必须性。仅仅在为主人劳动之后，他才理解主人和奴隶之间斗争的必然性，以及这种斗争所包含的危险和焦虑的价值”。[1]

1　科耶夫：《黑格尔导读》，第25页。

与动物永远自我肯定不同，人是一种否定性的存在物，否定自然，否定他人，甚至否定自我。奴隶在痛苦的劳动（征服大自然）中意识到了自我价值所在，开始获得自我意识（按黑格尔式辩证，否定自然就是肯定自我，“自我意识只有通过扬弃它的对方，才能确信他自己的存在”[1]）。由于奴隶在劳作中改造了世界，也改造了自我，伴随一系列诸如此类的否定性行为，平等、自由、尊严等等可贵的人性观念遂在内心深处滋长，并自觉意识到这些观念是人之为人的基础。这是一次意识形态的大觉醒。[2]

奴隶被主人视为工具，满足主人欲望的工具，主人挥霍掉奴隶创造的财富，但这种享乐的满足只能给主人带来部分的满足，不可能实现完全的满足。因为主人得到奴隶及其劳动成果，获取的只是物，而非承认（或他人的欲望），故主人走的是一条绝路。

奴隶却走向了一条生路。奴隶最初是主人的奴隶，因为他是自然的奴隶，受制于生命法则，也就是屈从于自然规律。但奴隶在为主人劳动的过程中，即征服大自然的过程中，体验到了死亡的焦虑，如同主人以生命为赌注获取承认，奴隶同样以生命为赌注征服大自然，以体验并克服死亡焦虑的方式，成了自然的主人。“没有体验到死亡焦虑的人，不知

1 黑格尔：《精神现象学》，第 120 页。

2 “一切奴役劳动并不实现主人的意志，而是实现奴隶的意志。最初依赖人的、服侍人的、受奴役的意识，最终实现和显现了独立的自我意识的理想，这就是它的‘真实性’。”科耶夫：《黑格尔导读》，第 31 页。

道给定的自然世界是与他敌对的，不知道这个世界倾向于杀死他，消灭他，本质上不准备实在地满足他。归根结底，这样的人仍然与给定的世界紧密地联系在一起。他至多想‘改造’这个世界，即改变其内容，进行特殊的改造，但不改变其本质属性。这样的人以‘机灵的’改良主义者，甚至以因循守旧者行事，但决不以真正的革命者行事。”[1] 奴隶便是这样一位“真正的革命者”，或说潜在的革命者。因为，奴隶所生活的世界属于主人，而不属于奴隶，所以奴隶必然是被压迫者，故能满足奴隶解放活动的，“就不是改良、而是扬弃，甚至革命地取消这个世界”。[2]

奴隶自己也是自然一部分，改造自然，也就是改造自己，否认自然，也就是否认自己身上的动物属性或生物属性，从而超越了自我、超越了自然、超越了主人，主人却做不到，坐享其成的主人无法自我超越（甚至主人长期沉溺于吃喝玩乐，重新回到动物的生存状态），因而，以劳动方式而自我完善和自我满足的人，必然不是主人，而是奴隶。[3] 所以，是劳

1 科耶夫：《黑格尔导读》，第 30 页。

2 “为了真正地和真实地成为‘人’，为了如实地认识自己，人必须把他对自己的看法强加于有别于他自己的其他人：他必须要求其他人承认他。或者：他必须把他没有在其中得到承认的世界改造成一个他能在其中得到承认的世界。把违背人的计划的世界改造成一个与这种计划一致的世界，叫作‘行动’、‘活动’。”科耶夫：《黑格尔导读》，第 12 页。

3 科耶夫：《黑格尔导读》，第 27 页。

动培养、教育、锻炼了人，奴隶辛勤劳作，改造自然，创造了一个非自然的世界，即“文化的、历史的、人性的世界”，使奴隶与动物性的生存状态分离，过着一种与动物根本不同的生活。奴隶最初只是潜在的人，因为他曾经在面对危险时畏缩不前，没有将战斗进行到底，但在劳动中，奴隶将自己从自然中解放，亦从主人中解放，而历史的展开就是奴隶对自身奴役状态的不断否定。通过劳动，通过死亡焦虑，奴隶渐次萌生自由的念头，承认自己是人而不是物，这说明了意识的转变。并且，在劳动中奴隶自我完善，体验到了自由，最终通过斗争实现自由，[1] 最终以解放的形式“得到最初由于害怕而失之交臂的承认”。[2]

历史是奴隶的辛勤劳作史，奴隶自我否定，抑制本能，其劳作是社会进步的源泉，“如果奴隶在好战的主人那里体验到死亡焦虑是历史进步的必要条件，那么，唯有奴隶的劳动才能实现和完成历史进步”，主人是历史发展的催化，奴隶才是历史进程的发条，因而“未来和历史不属于好战的主人，而属于奴隶劳动者”。[3] 科耶夫得出与马克思完全相同的结论。

奴隶辛勤劳作，服从现实法则，延缓满足；主人坐享其

1 科耶夫 1936 年 11 月 2 日致函斯特劳斯，施特劳斯等:《论僭政》，第 258 页。

2 科耶夫:《黑格尔导读》，第 31 页。

3 同上，第 21—22、24 页。

成，贪图快乐原则，获得直接满足。[1]主人在闲暇的生活中变得高贵起来，奴隶则在痛苦的劳动中愈发卑贱。若奴隶起来反抗主人，再冒生命之险对主人开战，他就不再是奴隶。[2]主人竭力维持现状，不想沦为奴隶；奴隶却打算改变现状，成为主人。可以预想，为了让主人承认奴隶人之为人的尊严，一场起义势在必行。为阻遏奴隶起义成功，好战的主人必须全力压制，再度以生命作为赌注，因为主人的尊严决定其只能以高贵的身份悲壮死去，绝不能以卑贱的形象忍辱苟活。

主人渴望自由，奴隶渴望平等。主奴的对立不断驱动历史的前行，而一部人类史，也是自由与平等的争斗史。资产阶级与无产阶级的关系当作如是观，因为世界史的演绎完全可以套入主奴辩证法模式（“历史的‘辩证法’是主人和奴隶的‘辩证法’”[3]）。受康德二律背反和费希特三一式的启发，黑格尔创制了辩证法，辩证法构成事物发展动力。辩证法并非哲思的成果，亦非一套思维方法，相反，它恰恰是“构成现实世界最基本的要素”。事物通过其对立面而不断发展，每一既定的正题都蕴含自身的反题，正题与反题相互斗争，最终形成合题，合题又变成正题，如此循环下去，直至终极性完善的圆满实现。由“欲望的自我意识”发展成“普遍的自我意识”

---

1 同上，第 25—26 页。

2 科耶夫：《法权现象学纲要》，第 301 页。

3 科耶夫：《黑格尔导读》，第 9 页。

同样可套入三一式辩证结构。

黑格尔的自我意识被马克思改造为阶级意识。何为阶级意识？马克思未有明确说法。卢卡奇为之下了定义：阶级意识不是个别无产者的心理意识，亦非群体的心理意识，而是对阶级历史地位的高度自觉。[1]

每个人都隶属某一阶级，有自身独特的社会角色、经济境况、政治身份，以及历史使命。那么，如何对其有所意识？换言之，分散各处的无产者是没有阶级意识的，无法理解自身的处境，其阶级意识到底如何形成？答案是斗争，这是唯一有效方式（以斗争强化阶级意识，正是晚年毛泽东的政治主旨），以斗争唤醒阶级意识，并以斗争意识实现阶级意识。无产阶级在与资产阶级在旷日持久的剧烈冲突中意识到“我们”与“他们”之利益的根本不同，由阶级差异促成阶级意识——意识到自身的社会地位及真正利益所在，意识到自己的历史担当，并为所处的阶级地位而深感自豪，相信自己是美好未来的开拓者，公义社会的创建者。

阶级意识并非主观的、心理的，而是客观的、合乎理性的。阶级意识其实就是“我们”的思维，最终体现为对经济—政治利益的自觉诉求，所以，在阶级意识的框架下，对自我的认识，亦是对社会本质的认识，更是对历史规律的认识，

1 ［匈］卢卡奇：《历史与阶级意识——关于马克思主义辩证法的研究》，杜章智等译，北京：商务印书馆，1999 年版，第 136 页。

因而阶级意识的发展阶段与历史的发展阶段是同一的。阶级意识的作用在于：可以自觉而非盲目地行动。阶级意识越成熟，革命行动便愈自觉，争取自己利益的同时，有意识地超越资本主义社会，因而，阶级意识的发展阶段是一把标准的尺子，“可以精确地度量已经达到了什么和还应该争取什么”[1]，倘若没有阶级意识，无产阶级就永远处于被统治地位，即便偶然取得胜利，也注定失败[2]：

> 首先，一个阶级的利益能得到实现的条件常常只有依靠最残忍的暴力。第二，正是在暴力问题上，正是在阶级与阶级的之间赤裸裸的生死斗争的情况下，阶级意识的问题才表现为最终起决定性作用的因素。[3]

阶级意识是可以识别的。卢卡奇自称受黑格尔影响（施米特亦认为“黑格尔思想的这种实现在卢卡奇那儿获得最强大的生命”[4]），他相信随资本主义出现，阶级意识也就“进入了一个可能被意识到的时期”[5]，并且，无产阶级意识是“人类历史上最后

1 同上，第 145 页。
2 同上，第 109 页。
3 同上，第 109 页。
4 [德]卡尔·施米特：《政治的概念》，刘宗坤等译，上海人民出版社，2004 年版，第 142 页。
5 卢卡奇：《历史与阶级意识》，第 117 页。

的阶级意识”。[1]无产阶级意识是真理的保证，因为，无产阶级意识不仅是最后的、亦是最先进的阶级意识，能够与历史发展的客观规律保持高度一致，故可以正确反映现实本质（反之，非无产阶级只能歪曲反映）。而资产阶级否认存在这样一种现实本质，也就是极力否认无产阶级意识。“在这场争取意识的斗争中，唯物主义起了决定性作用。无论是在经济方面，还是在意识形态方面，无产阶级与资产阶级都必然是相互依赖的阶级”[2]。在卢卡奇的论说中，无产阶级与资产阶级的关系仿佛主奴的相互依赖，先是暗中较劲，其后公开斗争，失去任何一方都无法成全阶级意识；而圣西门对法国大革命之失败的奇怪解释，与黑格尔—科耶夫的主奴辩证法颇为相似。

人际关系处于主奴状态，非主即奴，无产阶级与资产阶级便是这样一场争夺“承认”的殊死搏杀（白热化的阶级斗争是主奴斗争的极端化），亡命之徒成为主人，败军之将屈膝为奴。结果不出意外，在获取承认的政治斗争中，忍无可忍且不畏惧死亡的无产者奋力反抗，翻身当家做主，赢得地位，终于扬眉吐气，获得资产者的承认。无产阶级希望被资产阶级承认（甚至通过暴力强迫资产阶级给予承认），却拒不承认资产阶级，并一直伤害资产阶级（“奴隶试图如主人那样去压迫自己的主子”），

1　同上，第132页。
2　同上，第129页。

新一轮战斗自难避免，资产阶级势力妄图“反攻清算”，无产阶级专政及时回击，“这就是为什么存在任何种类之奴隶（亦即‘阶级’）的国家，都是血肉战斗的角力场……历史或多或少就是血腥革命的不间断过程”。[1]

起义是为了抹除与生俱来的不平等，未料却加剧了不平等，并将这种不平等制度化、法权化。所谓平等，首先体现为尊严和人格的平等，这是正义之法的要义，而“只有成为正义的人，才能成为真正的人”[2]，这正是科耶夫论述主奴辩证法的归宿（详后）。无产阶级革命功成，取而代之成为主人，并未赋予资产阶级以同等的主人地位。这是因为，马克思式的革命相信，无论奴隶屈服于主人，还是曾经的主人屈服于翻了身的奴隶，皆为一种专制—专政，既然无产阶级意识是人类史上最后的阶级意识，而共产主义社会又是人类史上最后的社会形态，消灭任何非无产阶级意识与非无产阶级身份有了正当理由，故根本不打算给予被打倒的资产阶级（即过去的主人，今之奴隶）以法律形式上的认可，换言之，“用黑格尔辩证法形成的资产阶级建构，其作用是创造一个敌人形象”[3]，他们不可能获取应有的尊严及人格。[4]

希望被别人承认，却又不打算承认别人，是对他者尊严

1　科耶夫：《黑格尔、马克思和基督教》，科耶夫等：《驯服欲望》，第 16 页。

2　科耶夫：《法权现象学纲要》，第 275 页。

3　施米特：《政治的浪漫派》，第 218 页。

4　参见亚里士多德《政治学》1255a16–22 对此观点的批评。

与人格的剥夺，引出人际全面崩盘的危机，造成斗争的循环往复、无休无止，“而每一次斗争的结局都是整个社会受到革命改造或斗争的各阶级的同归于尽”（《共产党宣言》）。

（2）

由于“获取承认”是人类历史发展的第一推动力，当“被承认”的欲望得到普遍而彻底的实现，历史就将停止它的前行步伐（即，自我意识圆满之时，亦是历史终结之日[1]）。历史的终结是马克思唯一照单全收的黑格尔主题，亦是马克思主义斗争学说的逻辑终点：共产社会的到来，人之欲望可随时满足——由于生产力充分释放，导致物质极大富有，人人按需所得，从而获得肉体上的满足；又由于这是一个真正平等自由的世界，人人承认彼此的人性、人格、尊严、荣誉等等，从而获得精神上的满足，尤其重要，阶级矛盾自动冷却了，一个普遍且同质的社会（无阶级、无等级的社会）随即形成，宗教、法律、国家等等将不复存在。总之，历史终结了。弗朗西斯·福山引起巨大轰动的著作《历史的终结》，正是对霍布

1　“历史生于对承认的欲望，它必将在该欲望得到完全满足的那一刻止步”，只要否定的可能性依然存在，人就不可能获得完满的自我意识，历史就尚未终结，“自我意识的圆满只有在人完全满足于其真正实存的那一刻才能获得。因为，只要他没有满足，他就否定自身，改造自身，变为异于其所是者，因此也就变为异于他已变得意识到的那人”。科耶夫：《黑格尔、马克思和基督教》，科耶夫等：《驯服欲望》，第16–17页。

斯—黑格尔—科耶夫学说的“改编和通俗化”，却与马克思的结论背道而驰。

历史终结论——无论马克思的还是福山的——届时人之欲望将最大限度满足。若说“初人”为获取承认而斗争，几经反复较量，无产阶级终于掌权，抹除等级，亦抹除高贵，由于“庶民的胜利”驯服了强者的意志，扼杀了卓越的灵魂，那么这肯定是一个“常人”的世界，并逐渐通向“末人”之路。

卑微的灵魂时时发出令人心酸的委屈声，马克思被触动了（其所处年代，工人阶级的生存状态确实糟糕到触目惊心），决志以理论改造世界，作为人类社会形态之最后一种、也是最高级一种的共产主义社会，生活其内的人民没有苦难、冲突、不公，人人富有，人人平等，人人幸福。可是，既然人人获致了满足，那还有什么值得去奋斗的？既然生活不再有其他理想或期待，生活不就失去了意义？马克思的按劳分配，其实践后果是平均主义，其理论后果是抹除人之差异，造就一个末人的世界。由初级阶段的按劳分配过渡到高级阶段的按需分配，从而获取物质的最大享受，但是，且不论这是否将人降至动物水平（亦不说地球资源能否承载庞大人口的物质需求这一老生常谈），末人到底有没有充分的满足感是需要打上问号的，因为没有不懈的劳作与奋斗便实现了人生需求，这种实现根本不会带来任何的满足。

没有抱负的末人世界并不美妙，除了粗糙的政治大批判，不再有精致的文学、艺术、哲学、宗教，[1]总之，不再关注人是什么这一高深话题了，也不再追问何为美好生活这一高尚命题了，人性的完结恰恰是人性的堕落。这正是尼采“超人”学说的意义所在：末人的世界是一个堕落的庸人世界，此乃弱者压迫强者，低贱者敌视高贵者的结果。与马克思的末人立场针锋相对，尼采奋力推荐强力意志，因为骄傲的人是不愿平等的，总希望拥有一种超乎他人之上的卓越气质，故马克思主义哲学是貌似高深的末人哲学，慰藉了卑微的灵魂。

马克思的本意是将穷人抬升至近乎神的位置，结果却将其拉低至类于动物的水平，这难道不是恶毒的讽刺？再则，马克思要么对契约论刻意回避，要么充满敌意，因为，国家的消失，其结局势必将人类社会重新推回到霍布斯式的自然状态（而无聊的末人为制造生活兴奋点，一定会挑起人际事端），这种状态不是在群众斗群众的残酷政治运动中被印证了么？

若说柏拉图的理想政制是德者管理城邦，马克思的理想国度却由庸众统治天下。其实，看清共产主义公民的真面目，不必等及末人世界的到来，便可窥见“末世的人性”（提摩太后书 3:2–9）。革命政权追求平等的暴力方案，我看行，无须提供优雅的智识教育就可将人的品质齐刷刷地拉平，人穷尽一生不见得能够接近真智慧，但顷刻之间就可变得愚蠢之极，

1 参见斯特劳斯：《重述色诺芬〈希耶罗〉》，斯特劳斯等：《论僭政》，第228页。

诸如正义、良知等等珍贵品质需要付诸努力方可获得、固守与维系，而学会无知无耻无畏无德则是分分钟的事，因为人性如水，下流容易，上流难。

高尚者能够设身处地包容低贱者，低贱者却无法推己及人理解高尚者，既然无法理解，又不愿仰望，干脆将其踩在脚下，予以贬低、丑化、打压，以摧毁高贵者的优越感来缓解低贱者的挫败感，以否定他人的方式来肯定自我，以求得一种最常见词汇即可描述的丑陋心态（事实似如此：群众运动所清除的往往并非阶级敌人，而是这个民族的真正优秀者），甚至不惜模糊价值序列，歪曲价值尺度，或伪造价值标准，[1] 将最愚昧、最肮脏、最卑鄙、最野蛮硬被说成最革命，低俗落后的东西居然一跃而为高深先进的东西，以致混淆是非，颠倒善恶。[2] 以舍勒的讲法，批判哲学亦是强烈忌恨情绪的表示，“表面的评价内含潜在的否定和贬低”，舍勒究竟指的是谁呢？不过，尼采居然将忌恨高贵、渴望平等的无产者比拟为“畜群人”——虽然膀臂粗壮，拳头凶狠，但精神尚处残缺状态。

1 “高贵者最愚蠢，卑贱者最聪明”正是这一现象的反映。勤劳致富，被视为资产阶级思想，努力自我提升，被视为自私自利，独立思考不从众，被视为脱离群众。

2 低俗的奴隶只能将低俗的主子推上权力之位，“低俗之人创造并主导了知识氛围，在那样的氛围中，像希特勒这样的人物才有可能上台……只有当社会环境被低俗者彻底摧毁时，那种残暴才可能出现，这种低俗精神的真正代表才得以上台”。[美] 沃林格：《自传性反思》，徐志跃译，北京：华夏出版社，2009年版，第50—51页。

爱欲辩证法

（1）

主奴辩证法虽在黑格尔学说中的分量颇重，但青年黑格尔关于“承认”的首幅草图其实是爱欲辩证法，相互承认的爱欲关系是辩证现象学第一个阶段。将黑格尔学说马克思化的科耶夫，却认为：并非爱欲之欲望，而是追求承认的欲望才是“历史的真正推动者”，因为爱欲是一种肯定的行动，但历史的前进必须借助否定的力量。由于爱欲“顶多只能建立人的家庭，家庭具有一个有限的自然基础，这个基础在历史进程中演化得日益狭窄”[1]，故而，有限的爱欲无法促成人类社会进步。为了说明人性如何推动历史发展，科耶夫必须以“为承认而战”的主奴辩证法，取代“爱与被爱”的爱欲辩证法。

独自一人，没有获取承认的需要，与他人面对面，主奴关系顿然形成（萨特关于主体间对自由的争夺、对控制权的争夺最终导致人际冲突，来自科耶夫的黑格尔解释）。马克思—科耶夫剔除了黑格尔关于爱欲的论述，以革命思维理解人际：人际关系是承认与被承认的关系（即否认与被否认的关系，仇恨政治学正是这样一种否认他人的政治学说），为获取承认，两人的遭遇便是对抗的

1　科耶夫：《黑格尔、马克思和基督教》，科耶夫等：《驯服欲望》，第 12 页。

开始，换言之，承认的获得是否定的结果，是斗争的结果，是对生命肆意冒险的结果。这正是革命者的固有品性：用生命下赌注的冒险家（一如资本家是资本家，是因为比别人更愿冒险、开拓或创新）。以科耶夫的修辞："那些没有满足感的精英则成为革命者。"[1]

黑格尔的主奴辩证法基于霍布斯的自然状态理论：当两位"初人"遭遇时，其中一个视另一个为敌对的危险动物，企图将其消灭，而非把他当作有独立价值的个体。[2] 弱肉强食的自然状态，以康德的理解，更像是随时动粗的战争状态，故自然状态无正义可言，亦无伦理可言，人与人的关系绝非依存性生存的关系，不适用于以法律形式确认等价个体的现代公民社会。

主奴争斗不休，为化解冲突，国家诞生了。[3] 国家的职能就是协调各方利益，实现主奴的综合，让他们成为公民，承担各自角色，明确其权利和义务（格劳秀斯认为人际之间具有排斥性，为此，必须明确权利与义务，权利是做某些事而他人不得干涉；义务则是对他人的适应。以霍布斯之见，所谓"权"，在于做或不做的自由，"律"则不然，不得不做，必须要做）。现代公民社会是契约社会，所谓契约，至少两个相互承认的主体之间达成的合作性协

1 科耶夫1955年5月16日致书施米特，《施米特与政治的现代性》，上海：华东师范大学出版社，2007年版，第61页。

2 科耶夫：《黑格尔导读》，第11页。

3 黑格尔：《哲学全书》，433节。

议[1]，契约社会将不再有主奴之分，人人成了法律的主体（两位平等的行为能力人之间的权利与义务的关系）。这正是科耶夫生前唯一亲手定稿的《法权现象学纲要》主旨：如何能从“对承认的欲望”中导出法权，又如何从中推出公民性正义，从而实现“普遍均质的国家”。不难看到，革命式的主奴辩证法并非科耶夫学说的全部。后期科耶夫修正了先前的理论，他以特有的繁琐而饶舌的笔触在《法权现象学纲要》一书中写道：无论主人被奴隶承认，还是主人拒绝承认奴隶，主奴双方都没有满足感，因为主人的承认需求无法满足，奴隶又无法成为主人，于是公民社会出现了。

奴隶虽不被主人承认，但他承认主人，因而奴隶身上尚保有一丝人性的观念。主人不愿变成奴隶，奴隶却想变成主人，故奴隶时刻都想改变现状，但是，以科耶夫的论述，即便奴隶的革命成功了，并未因此成为主人（因为主人是不承认奴隶的）。奴隶虽然并未成为主人，但成了公民。该如何解说这一质的跨越？科耶夫运用黑格尔的三一式结构解说公民的诞生：若说人诞生于主奴互为反题的情境中，那么，公民则是主性与奴性的合题，这样一种合题导向“主性与奴性的最终均衡”，公民之潜在性由此过渡到实在性。唯有公民被他承认的人所承认，公

---

1 伊壁鸠鲁对契约的理解：“自然的正义，是人们相互间的一种约定——不伤害他人，也不被他人伤害。对于那些不能约定互不伤害的动物而言，无所谓正义，也无所谓不正义；同样，对于那些不能或不愿订立互不伤害的约定的民族而言，也是如此。”伊壁鸠鲁：《学说要义》，第 32 节。

民既是主人亦是奴隶：之所以是主人，因为被别人承认；之所以是奴隶，因为他承认别人。“正是作为公民，并且只是作为公民，人们才会充分地、最终地得到满足；因为只有公民才会被他本人所承认的人承认，只有公民才会承认那个承认他的人。因此，只有公民才真正会作为一个人被实在地实现。”[1]

统治的正题与被奴役的反题得到辩证的克服。在科耶夫的分析中，“法权表现为双重的形式（这两种形式互为反题），即，贵族性的法权和资产阶级性的法权”。[2] 主人如何发展出平等的贵族性法权，奴隶又如何发展出等价的资产阶级法权，科耶夫并未说清楚，或可推测套入了社会发展阶段论。但以下论述是关键：由主人延伸出的“贵族性平等正义”与由奴隶延伸出的“资产阶级等价正义”这对“互为反题的正义倾向于让彼此完善，以便构成一种合题性的公民正义”，贵族性法权与资产阶级法权的合题（或某种妥协，以期实现平衡性的正义），是以“平等性正义”与“等价性正义”的合题为基础的“公民法权的历史生成”。[3] 换言之，公民正义表现为贵族性平等正义与资产阶级等价正义这对互为反题的合题形式中。而绝对的正义，具有普世价值的正义，只能是公民性正

1 科耶夫：《法权现象学纲要》，第261—262页。主人为了获得更多人的承认，也倾向于解放奴隶，换言之，主人必须承认奴隶，否则就无法得到真正的承认，于是，奴隶逐渐上升到与主人等价的地位，主奴冲突走向主奴和解。

2 同上，第287页。

3 同上，第288页。

义，人类历史将在公民性正义中终结。

（2）

寻求“承认”固然是基本的人性需要，但个体（或群体）之间并非你死我活的生死之战，更非势不两立的阶级斗争，被承认须对方授权，这正好说明人际之间立于相互依托、彼此承认的转换关系。承认是在关系中获得的，作为个体，每位都是独立的、个性化的，但独立与个性是通过关系予以确认、予以实现，即，个体唯有放入关系之中才能显出意义。

被承认乃因首先承认别人，是对对方独特性的承认，进而“作为有需要的存在而互相承认”。置身良好人际，除了获取安全，还可以赢得尊重，且在自信之中自我发展，自我实现，最终提升自我价值。承认的意思是：被承认由所承认构成，若被拒绝承认，就会影响自我认同感。在争夺承认的主奴辩证法中，人际之间因缺失情感的维系，而相互否认、诋毁，为他人制作一副卑劣的形象，不仅造成伤害，还构成压迫，这样一种否认，是对承认的拒绝，是对尊重的拒绝，使对方背负自我厌恶的病态意识，因而，对他人的承认，其实是给予对方以力量和自信，“正当的承认不是赐予别人的恩惠，它是人类的一种至关重要的需要”。[1]

---

1 [加]查尔斯·泰勒：《承认的政治》，董之林、陈艳谷译，汪晖、陈艳谷主编：《文化与公共性》，北京：生活·读书·新知三联书店，1998 年版，第 291 页。

人之欲望首先是动物的欲望，欲望促使行动，具备一定的否定性、破坏性——消灭外物，转化为我的存在，获取满足。破坏性的欲望在于毁灭对象（即毁灭被给予的存在），以填补自身的缺乏。作为欲望之一种的爱欲，则是肯定性的欲望，指向另一个欲望的存在，被欲求、被接受、被承认，希望对方欲望我的欲望，一如我欲望对方的欲望，反之亦然，因而，健康的、和谐的欲望具有相互性、对等性、平衡性，可视之为爱欲辩证法。

爱欲是一种共生状态，构成了一种独特的互动承认模式。爱欲辩证法的适当置入，修正主奴辩证法的人际关系：立足他者，他者乃对话者、合作者，而非被感知的对象；以他人出发，他人乃首要被承认的主体，而非随便被我同化掉的客体，即“他者之他性不可还原”（因为“我”在他人眼中也是“他人”）。

任何社会活动，均受人际制约（孤岛上的鲁滨逊拥有绝对自由，遭遇星期五及食人族后，生活完全改变，自由不再充分实现[1]），人际遭遇便引出责任、义务、权利、自由等等问题，若我独占世

1 “在他者出现之前，有一个给人以安全感的世界，我的意识无法与之区别。然后，他者出现了，表明了一个恐怖世界的可能性，而如果此前的世界不消失，这个世界便不能出现。而我不过是过去的客体，我的自我是由过去的世界构成的，它的消失恰恰是由他者引起的。如果他者是一个可能的世界，那么我就是过去的世界。”[法]吉尔·德勒兹：《他者论》，《哲学的客体：德勒兹读本》，陈永国、尹晶主编，北京大学出版社，2010年版，第234页。

界，所有伦理命题统统失效，不值得花费心思反复追究或论辩。当孤岛上的鲁滨逊宣称拥有这片土地的绝对所有权，如此宣称是空洞的，毫无意义。由于人之相遇，一个伦理的世界就此发生；由于人之对峙，一个政治世界就此诞生。若说黑格尔—马克思的革命伦理学，其承认的获得是“以命相拼”，那么，快感伦理学则是“以身相许”，正如权力的获取，是与他人的疏离，对他人的否定；而爱欲的获得，是通过与他人的亲近，相互的认同，前者“是一种强烈的破坏欲望”，后者“是对某一对象的强烈肯定欲望”。[1]

无论快感抑或革命，二者均面临一则基础命题：与“他者”的关系。而“我”与“他”是伦理学的核心之核心：“我”与“他”绝非对立，既非霍布斯的“人对人是狼”，又非萨特的“他人是地狱”，更非施米特的“敌友论”。他人并未妨碍“我”、消除“我”，相反，是我的实现之条件——因为我的权利诉求，取决于对方的认可及授让；我的欲望满足，依存于对方的承认和给予。若自我授权，所谓权利是没有根基的，处处落空。以心理发生学印证，人性根置内心深处的欲望是“被承认的欲望”，但承认不是自足的，须由他人授权，[2] 为得到他人承认，我首先承认他人与我一样，是独立、自由、有

1 [美] 埃里希·弗洛姆：《逃避自由》，刘林海译，北京：国际文化出版公司，2000 年版，第 82 页。

2 “荣誉取决于授予者而不是取决于接受者”。亚里士多德《尼各马科伦理学》1095b25。

尊严的个体——之所以是独立的、自由的、有尊严的，乃因他是“普遍的、不可磨灭的”[1]。主人被奴隶承认，这种承认根本就不是真正的承认：其一，被人格尚不健全、人性尚不完整的奴隶（因为他们不被视为严格意义上的人）所承认，主人的价值大幅贬值；其二，奴隶承认主人，是迫于压力的承认，而强使他人承认，至少是打了折扣的承认[2]；其三，主人是不承认奴隶的，被不承认的人所承认，是不充分的承认，是没有价值的承认，甚或不称其为承认，且毫无满足感（这正是无产阶级的大不幸：冒着生命危险取得主人地位，却被不被承认的人所承认），显然，获得自己所尊重的人的赞许（或高度评价）肯定比自己所不尊重的人的赞许，其成就感更强烈。[3]要之，唯有被人格健全且独立的人所承认，方可获得完整的承认；只有被承认的

1 黑格尔：《精神现象学》，第 122 页。

2 “让他人承认，无非是强迫要求承认。然而，自由这件事是对强求某物的拒绝。因此，这里有一对矛盾。这是因为如果能够用暴力让他者承认‘我’是自由的，那自由就否定了他者的自由，他者仅仅成为自在的客体，而不可能自由地承认‘我’的自由。反过来，即使‘我’讨好他者，通过隶属他者的自由来让他人承认‘我’的自由，那么这次‘我’只能作为屈服于他者的、非自由的‘奴隶’而被承认。”港道隆：《法外的思想》，第 144—145 页。

3 色诺芬的一段说法可做补充：“得到最骄傲女性的关注才能得到最大的快乐，而来自奴隶的关注——即使这些很容易得到——却完全不能使人满足。”色诺芬《希耶罗》I:28；另见霍布斯：《利维坦》，第 73 页。

人所承认，才是真正的承认，进而生发充实的满足感。[1]正因如此，主人为获得更多人的承认，也趋向于解放奴隶。

他者的不期而至，仿佛是对我的质疑，然而，与他者的遭遇恰是“我”之构成的基本依据，亦是权利与自由之保障的先决条件。这是一种以他者为中介的授权，若没有他人，所谓权利与自由就失去其根基。面对面的接触中，我接受的比我让出的多，因为我的自由被给予意义，“被赋予了真正的选择”。没有他人认同的标准算不得标准，同理，他人虽是我的权利之限制者、约束者，同时又是权利之授予者、保证者。因而，“我是他者的人质”。

就拿最狭隘意义上的爱欲来说，所谓性欲，仅仅是生理需求，它固然是爱欲（厄洛斯）的一种成分，但绝非全部。人之欲求除了生理需求，还有更高层次的需求，如情感的需求、安全的需求、归属感的需求，尤其是对承认的需求，或说对“被承认”的欲望——被对方承认为独一无二者。如同被授予权利一样被授予自由，“被授予”一词说明我是有限的，他人是独立的。与权利的获取、自由的实现一样，欲求的满足只能由他人给予，离开他人，欲望无法成全，无论是生物性的欲望，还是社会性的欲望。

1 参见亚里士多德《尼各马科伦理学》1095b28–29：真正的承认“来自明达之人的夸奖和有识之士的赞誉”。

对方对我的欲望既是我的欲望，同时又是独立的欲望。[1] 严格道来，男欢女爱针对的是欲望本身而非肉体本身，对异性的渴望，不仅是对情感的渴望，更是对欲望的渴望，欲望对方的欲望，这是一种“以另一个欲望为对象”的欲望（譬如，柏拉图《会饮篇》苏格拉底与阿伽通关于爱欲的对话，讲的就是欲望之欲望）。任何欲望都是否定性的，单方面索取，惟有爱欲是“相互欲求的欲望”。爱欲，是一性器渴望同另一性器姘合，这一流行说法是嫖客思维，不是爱欲的思维。爱欲是“我”欲望对方的欲望（对方的欲望是我的可欲对象），希望对方欲望我的欲望（欲求成为对方的可欲对象），反之亦然。欲望的相互性及权利与义务的对等性（甚至爱是义务的承载，这意味着爱是一种许诺，对将来行动的一种限制），恰是爱欲之构成要素，因爱欲这一黏合剂，在肌肤的诱引中承认所爱的人为绝对价值，被对方款待，同时款待对方，快感实践正是这样一种相互款待的对称性人际实践：在相互承认中彼此承认，在关系中获取承认。要之，在爱欲的相互情感依附中，关系先于个体，这是一种

1 “当我欲望其欲望的那个存在，除了为我而存在的欲望之外不再有其他欲望时，我就完全满足了。在这种情况下，他的欲望仍是一种欲望，但因为这种欲望是为我而存在的欲望，所以对我来说，它就不再是外在的了。它将是我的存在本身的组成部分，同时还是另一个人的欲望。通过对于我的需要，他需要着所有我需要的一切；他将自身与我等同，并变成了我，但同时仍是他自己。”科耶夫：《法权现象学纲要》，第258—259页。

相互担当与认同的承认关系，在关系之中始终葆有巨大满足的可能性。

爱欲“不是规定存在，而是命名它，迫使去思考存在”[1]。爱毕竟有限，不可能毫无保留抛出；恨却是无限的，可以毫无顾虑施与。穷兵黩武的革命，陷入无边无际的人事斗争，粗暴扫除一切对情感的需求，并将残存的一丝爱欲剔除净尽，“引出了冷酷的氛围，在这氛围中人性的观点总是一再退却”。[2]

所谓仇恨，想到对方就咬牙切齿；所谓爱欲，想到对方就心生欢喜。恨，是普遍的；爱，原本就属稀缺花朵（关于爱欲的话题，古老而丰赡[3]，几乎已被穷尽，对其以灿烂的言辞反复絮叨，表明它的匮乏）。仇恨政治学的“斗争”，互相施暴，彼此否定、排斥，以怀疑的、詟惧的目光对待他人；爱欲伦理学的“合作”，相互给予，彼此肯定、吸引，以切盼的、殷勤的爱抚款待他人——即便草率、仓促的一夜情，依然基于信任与分享，相互承认，引导没有承诺的临时关系。

---

1 [法]让－吕克·南希：《解构的共通体》，夏可君编校，郭建玲等译，上海人民出版社，2007年版，第374页。

2 马丁：《马克思、韦伯、施米特论人与社会的关系》，刘小枫选编：《施米特与政治的现代性》，第262页。

3 在古希腊，“爱欲”是重要写作题目，如阿里斯通、芝诺、第欧根尼、克勒昂特斯分别著有《论爱》，西蒙、西米阿斯分别著有《论爱情》，包括欧几里德斯《恋爱对话》，忒俄弗拉斯托斯《论爱恋》，克勒昂特斯《爱的艺术》等等。

生存审美化

某日，犬儒哲人第欧根尼从斯巴达返回雅典，有人问：“你从哪儿来？到哪儿去？”答曰：“从男人的寝室来，到女人的闺房去。”第欧根尼为何有如此古怪回答？

斯巴达，典型的以国家为重的军事共产主义社会，个体一切事务皆围绕社稷利益展开：过集体生活，吃公共食堂；军事管制，鼓励牺牲；高度计划经济，没有私产，不准贸易；自给自足，拒绝通商；邦民时刻处于监控之下，当局对待人民像对待牲口一般；不关切智识教育，却重视道德训诫……总之，“离开最有吸引力的娱乐，抑制自己不去享受”。[1] 当假想“阶级敌人”无处不在（无论国内还是国外的），很容易理解斯巴达的所作所为。柏拉图理想国的设计很大程度近似兵营式城邦斯巴达，但晚年力作《法律篇》（施特劳斯认为这是柏拉图“唯一地道的政治著作”，古典政治哲学的特质在其中“得到最清晰的展现”），雅典来客告诫斯巴达人，其种种做法固然对国

1 柏拉图：《法律篇》635B。

家有益，但是，“在煽动革命方面是一种危险”，尤其“败坏了两性的自然快乐”，因而“首先应该受到谴责”。[1]

与全民皆兵纪律严苛的斯巴达相反，古希腊政制另一极端雅典，则氛围别样，“经过斯巴达到雅典，就好似经过了军营到了野外的草地一样，充满了美丽的图画，充满了幽雅的风趣，充满了全希腊人的愉快与欢欣；启发了人类无穷欲望来渴慕这种过去的黄金世界！”[2]伯里克利著名的葬礼演说，一一列举雅典城邦的优异品质，为雅典是“全希腊的学校”而引以为豪。

生活的目的（或目标）是什么？或是错误问题，多为革命或宗教的提问方式（或跨进完美国度，或迈入极乐天堂），暗含逻辑是牺牲生活，追求一种外在于生活的目的：生活是一种手段，达至某一终极目标的手段。就最好来说，所有一切仿佛只是为生活做准备，日常因之被有效剥除，生命的自主权亦随即失去。

生活本身就是内在目的，或说，生活的目的寄寓于生活内部，在生活之中持续展开着。有限有待的现世生命体总在希冀成全什么、成就什么，每位个体生活于欲求之中，并在欲求中生活，然则欲求“成就”或“成全”多少伴随一定困

1 柏拉图：《法律篇》636B–C。

2 [英]狄金森：《希腊的生活观》，彭基相译，上海：华东师范大学出版社，2005年版，第86页。

难，“欲求”和“欲求的实现”发生分离，产生距离，享受的直接性与延迟性，即时性与滞后性之间的落差“导致了生活的展开”。[1]

人是有所欲求的（动物性生存），有所期待的（超越动物性生存），但期待的结果，既可以是快感，亦可以是痛感，二者反复纠缠生活（以柏拉图的说法：所谓恐惧，是对未来的痛苦预期，所谓信心，是对未来的快乐预期[2]），生活的发生便寄寓于种种期待，在希望到失望、从失望到希望之间辗转，若失望长存，便导出不自信；而对世界的认知，多由快感或痛感，幸或不幸的感受所提供。

古典哲人的快感观

（1）

名义上是自由人却没有自由的斯巴达邦民谈不上“惨淡经营生活”，而是根本没有生活，当局禁止所有快乐，人民“被作为畜群分子来培养”，为的是将一切身体能量输入国家轨道。在要求人民拒绝强烈的娱乐方面，唯独斯巴达一家，相反，如何过上“快乐的生活”则一直是雅典公民的诉求目

1 港道隆：《法外的思想》，第 77 页。

2 柏拉图：《法律篇》644C–D。

标。“快乐和人之本性最相投”[1]，“一切人都追求快乐，因为所有人都渴望生活”，[2]亚里士多德如是说。生命作为一种实践，每个人运用其潜能，“在他最喜爱的事物上积极地活动着”（如乐师运用听觉在旋律上活动，学者运用理智在思想上活动）。这些实践因快乐而“不断强化和提升”（即是说，乐师或学者的能力更其精湛、深邃），[3]故快乐完善这些实践，也完善生活，而“这正是人们所向往的”。[4]亚里士多德总结道：因快乐而选择生活，或为生活而选择快乐，如此区分无关紧要（二者不可切割：生活离不开快乐，快乐完善生活），重要的是，“人有充分理由去追求快乐，因为它把生活变得完美，而这是值得欲求的”。

雅典政治哲人的基本命题是如何过上“美好的生活”，而过上美好生活，首先得“认识你自己”，同样流行雅典城邦的另一名言“照看你自己”随时间推移，被“认识你自己”

---

1 亚里士多德《尼各马科伦理学》1172a18；居勒尼学派亦认为“痛苦更难忍受，快乐更适合本性”。拉尔修《名哲言行录》2.90。

2 亚里士多德《尼各马科伦理学》1175a11–12。

3 [美]特西托勒：《德性、修辞与政治哲学：亚里士多德〈尼各马科伦理学〉解读》，黄瑞成译，上海：华东师范大学出版社，2013年版，第137页。

4 亚里士多德《尼各马科伦理学》1175a16–17。卷十章4短短篇幅至少六次提及“快乐使生活变得完美”。

遮蔽了，“变得晦暗不明了”。[1]

何为“照看你自己”？“照看自己”又怎会与“美好生活”发生关系？

快感本身对古希腊人构不成问题，坦承欲望的存在并接受欲求的满足，亦不为快感实践划出禁区，规定何为正常何为反常。在这种氛围中，多样化的快感实践在城邦角落随时出没：伊壁鸠鲁与妓女往来，常有通信；[2]柏拉图包养情妇，疯狂追逐童男；[3]第欧根尼公然展示自己的性欲，其荒唐之举自有道理：吃饭并非见不得人，那么在公共场合吃饭也没有什么不得体——可以想见接下来他会说些什么；[4]忒俄多洛斯认为通奸是适当的，之所以被视为罪恶，是因为偏见，而偏见是“为了便于操控那些愚蠢者”，他甚至宣称：“智慧者可

---

1 认识自己包括照看自己（或关心自己），自笛卡尔时期，“认识自己”再次确立，“照看自己”被逐渐贬低，直至隐没。见福柯：《主体解释学》和《福柯读本》。

另外，古希腊并未并明确区分自我意识与自我认识，甚至没有自我意识之说，自现代“我思”之后，由自我认识强化自我意识，自我意识成了现代人的口头禅。苏格拉底—柏拉图的自我认识，与黑格尔—科耶夫的自我意识，形成古今思想的强烈反差。

2 拉尔修《名哲言行录》10.4–7。

3 拉尔修《名哲言行录》3.29–32。古希腊男风盛行，哲人为之辩护：“凡是一个地方把接受情人的宠爱当成丑事，那地方的道德标准一定很低，才定出这样的规矩来。”柏拉图《会饮篇》182D。

4 第欧根尼时常当众自慰，叹道：若是肚子像这样揉一揉便能解除饥饿就好了。

以毫不顾忌地拥有情人”，并提出论证强化其观点。[1]诸贤如上举动，对今日道德人来说，实在骇人听闻。于古典快乐主义者，欲求虽非纯洁，但却真实，它是自然的、正常的，甚至是无辜的、正当的，并非可耻举动，至少不是邪恶的。亚里士多德点明：“不要快乐，或少于他应得的快乐的人很少见，因为这种麻木不仁不合乎人的本性。”[2]

严格意义上，“快感”不等于“欲望”（现代人所理解的是欲望，而非快感，是对欲望的剖析，而非快感的享受）。古希腊人如此积极投身快感实践，并密集谈论快感，古今中外独此一例，之所以汲汲于快感，因为“所有人在本性上都享受快乐，也怀有欲求”。[3]贤哲虽然时时展现贬斥快感的高姿态，但并不认为快感本身是不道德的，亦不认为有欲念冲动是可耻的，而那些不能自我控制、最终被欲望打败的人才是必须被谴责的。古希腊人没有禁欲思想的净化观和禁忌观，并非压制欲望或将欲念从头脑中赶除（因为这是不可能的），而是牢牢控制自己，驾驭快感，不被欲望束缚，以“支配—服从”的关系模式，在快感的享用中将自己“塑造为有节制的道德主体”，[4]在实践中自我考验，实现主体的自决，从而在快感实

1 拉尔修《名哲言行录》2.99–100。

2 亚里士多德《尼各马科伦理学》1119a5。

3 亚里士多德《优台谟伦理学》1231b29。

4 “如果不同时把自己塑造成认识的主体，那么人们也无法在快感享用中把自己塑造成道德主体。”福柯：《性经验史》，第189页。

践中建立自我与自我的最真实关系。[1]

古希腊(包括先秦)谈论欲求，食色并列，对“食”意见不多，对“色”态度审慎。即便像亚里士多德这样推崇美德的大哲，对纵欲的界定，谨之又慎，坦承“肉体快乐也并非全部须加节制”[2]，并相信“那种放弃了所遇的快乐，忍受着所不应受的痛苦的人才是放纵的，在他那里甚至快乐也造成痛苦”。[3]

古希腊语言没有“性”的提法(这一概念19世纪晚期出现，是“对科学徒劳而懦弱的模仿”[4])，却有快感之说，并认为快感比欲望重要，譬如，享乐主义(hedonism)源自快感(hedome)，而“至福”一词由“享乐”一词引申。[5]

稍作补充，“快感”是标准古希腊语，“革命”则是地道国语(汤武揭竿而起，“革殷受命”)。自古希腊的阿里斯提波、伊壁鸠鲁，经古罗马的卢克莱修，至文艺复兴时期的薄伽丘、阿雷蒂诺，18世纪的拉美特里和爱尔维修，再到法国革命动荡期间的萨德，包括功效主义者边沁、密尔，以及现代的巴塔耶、马尔库塞、德勒兹等等，享乐主义贯穿西方历史，算是西方文化的常规(消费主义却是西方漫长享乐主义传统的一个结

1 福柯:《性经验史》，第174—175页。

2 亚里士多德《尼各马科伦理学》1118a3。

3 亚里士多德《尼各马科伦理学》1118b30。

4 布鲁姆:《爱的阶梯》，柏拉图《会饮》附录，第129页。

5 亚里士多德《尼各马科伦理学》1152b6。

果）；而享乐主义在中国是贫瘠的，甚至是缺席的（唯一的异数是托名列御寇的《列子·杨朱篇》，却走向了鼓吹纵欲的极端），“革命”倒是中国历史发展的主线，文化的常态。

快感在古希腊不仅被明目张胆实践，[1] 且是正儿八经的学术研究课题，[2] 柏拉图、亚里士多德、色诺芬、伊壁鸠鲁的书写多有涉及。事关快感的善恶之辩纠纷不已（毕达哥拉斯学派的欧多克索斯和学园派的斯彪西帕斯分别是善恶论的支持者），诸贤反复予以探讨、争执、论辩，有人甚至以为，即便它不算恶，称其为恶也有益于世道人心，亚里士多德却对此存疑，拒绝两种对立的极端化意见，或说准备调和两种观点（善说是对快感的狭隘化，“只不过指出善是各种快乐之一”；恶论是对快感的妖魔化，“不过是不知所云”），在纠偏的过程中，亚里士多德对欧多克索斯着墨不多（虽有批评，但更多是赞同），而花大量篇幅检讨斯彪西

1 古希腊人丰富的快感实践，详见［德］利奇德：《古希腊风化史》，杜昌忠、薛常明译，北京：海豚出版社，2012 年版。古典时期，快感并非忌讳话题，如家庭中张挂被称为“情爱技巧实验学校”的色情壁画，艺术作品则直接描绘“众神的风流游戏，列达和天鹅的爱情，酒神节的游行队伍和风化欢宴，纪念普里阿普斯的节庆，性爱的各种姿势，甚至还有动物的情爱”。［德］爱德华·福克斯：《情色艺术史》，杨德友译，西安：陕西师范大学出版社，2004 年版，第 152 页。

2 检索柏拉图对话，谈论最多的，除了“灵魂”和“善”，便是“快感”。拉尔修《名哲言行录》收录八十余位哲学家，有大量关于快感的著述，有赞同的意见，亦有反对的声音，说明对快感的认知是古希腊伦理学的重要“科研项目”。

帕斯的观点，亚里士多德给出有力反问：如果非理性生命追求快感，这或可质疑快感是否为善，倘若连理性之人都在追求快感，说快乐不是善“还有什么意义？”[1]对快感的性质和类型展开系列分析之后，亚里士多德又问：在诸多快乐形式中，“哪一种是特别属于人的快乐呢？”亚氏并未明确回答，而是说：完美有福之人的快乐是“最充分意义上人的快乐”。在这里，快感被隐然分为主要的快感和次等的快感（节制的与过度的、体面的与丢脸的、高尚的与卑贱的等等），从而铺垫下一卷话题“何为真正的幸福”。可是，即便身体快感这样看似形而下的低级需求，亚里士多德并未盲目贴上邪恶标签，而视之为正当欲求，并将其引向他一贯主张的中道学说。

中道即“中庸之道”（或说“适度”），过与不及皆非美德，都是对伦理德性的摧毁，如何在二者间择取最佳状态，可视为妥帖之举（譬如，挥霍是过度，吝啬属不及，慷慨则合乎中道；怯懦是不及，鲁莽属过度，勇敢则合乎中道）。亚里士多德将德性分为“理智德性”和“伦理德性”，[2]而伦理德性关乎性情，性情的卓越由日常的实践（训练）所培养，性情不同，人之品格也就

1　亚里士多德《尼各马科伦理学》1173a3–5；参见1153b25–27。

2　伦理德性的养成既非出于自然（本性），又非反乎自然（本性）：1. 人接受伦理德性的能力是先天的（由自然所赋予），但这种能力须由后天的习惯而完善（并非出于自然）；2. 伦理德性的能力以潜在形式存在着，却必在实践形式中予以表现，换言之，运用了伦理德性才能获得伦理德性；3. 伦理德性既可成于好的实践活动中，亦可毁于坏的实践活动中。

不同，有的成了懦夫，有的成了勇士，有的“节制而温和”，有的“放纵而愠怒”。

作为优秀品格的伦理德性，是一种“谨慎养成的性情”，体现于选择之中，换言之，可据某人如何选择来判断此人品格如何。[1]亚里士多德将伦理德性切入中庸学说的框架，品格优秀者“以求取适度为目”，力避两恶（过与不及）而取中道，故伦理德性“是一种与选择相关的性情状态”，存于适度之中，由理性所规定。[2]既然快感成为伦理学的关注对象和研究目标，自然被视为实践性的“德行”问题：如何在过度（放荡、纵欲）与不及（冷漠、禁欲）之间找到最恰当的平衡状态。[3]

斯巴达统治者让人民终日生活于恐惧之中，以体验恐惧的方式培养人民的勇气，实现对痛苦的自制。柏拉图对此不敢苟同，《法律篇》雅典来客的意见与斯巴达人大相径庭，

1 亚里士多德《尼各马科伦理学》1111b6。

2 亚里士多德《尼各马科伦理学》1106b15、1107a1–4。伦理德性涉及感情和实践，譬如义愤或怜悯等感情，“在适当的时间、适当的场合、对于适当的人、出于适当的原因、以适当的方式感受这些感情，就既是适度的又是最好的”。实践同样如此。《尼各马科伦理学》1106b20–24。

3 人更多愿意走向过度，因为“被快乐征服乃是自然的”，对快感不及的冷漠者或麻木者只适合“喜剧舞台上出现的、类似乡巴佬性格的那些人，他们即使是对适宜的和必需的快乐，也避而远之”。言下之意，这类人在现实生活中少见，可作喜剧中的笑料。亚里士多德《优台谟伦理学》1130b16–21；另见《尼各马科伦理学》1104a24、1119a9。

允许人民尽可能地享用快感，以体验快感的方式，实现对享乐的自制。[1] 以实践快感来自我节制，这听上去不仅奇怪，且矛盾，其中究竟有何道理？

以柏拉图的说法，人之灵魂构成有三：理性、激情和欲望。所谓节制便是三种成分的均衡，当三者“彼此友好和谐，理智起领导作用，激情和欲望一致赞成由它领导而不反叛。这样的人不是有节制的人吗？”[2] 而正义者同样如此：

> 应当安排好真正自己的事情，首先达到自己主宰自己，自身内秩序井然，对自己友善。当他将自己心灵的这三个部分合在一起加以协调，仿佛将高音、低音、中音以及其间的各音阶合在一起加以协调那样，使所有这些部分由各自分立而变成一个有节制的、和谐的整体时，就可以转入实践——无论挣钱、照料身体，还是从事政治事务或私人事务。[3]

此乃柏拉图心目中“正义”一词的真实意思。柏拉图接着谈论不正义。不正义就是灵魂三部分不和，互管闲事，企图在灵魂内部独自坐大。“不正义、不节制、怯懦、无知，

1 详见施特劳斯：《柏拉图》，斯特劳斯、克罗波西主编：《政治哲学史》，第 69—71 页。

2 柏拉图《国家篇》442D；参见《斐德若》253D 以下。

3 柏拉图《国家篇》443D–E。

总之，一切的邪恶，正是三者的混淆与迷失”。

柏拉图《法律篇》论述的法治城邦中，公民在理智的统领下（《斐德若篇》以为理智是“灵魂的舵手，真知的权衡”[1]），实现“节制”与“正义”。二者作为首要的实践性美德，属同一类，前者涉及对个体欲望的正确处理，自己主宰自己，寻求良好的内在个体秩序，是“为了自身的善”；后者涉及对人际关系的正确处理，建立与他人的恰当关系，寻求良好的外在社会秩序，是“为了共同的善”。[2] 因而，在这两种城邦美德中，节制具有先位性。[3] 不节制的人，很难说是智慧的，不节制的人，亦不可能是正义的。斯巴达和克里特人提倡勇敢，但雅典来客以为，这种勇敢是一种“残缺的勇敢”。勇敢，不仅包括对痛苦的对抗，亦包括对快乐的节制。倘若从未经历过强烈的快乐体验，并经受过抵制快感诱惑的训练，就会沦为快乐的奴隶，还会沦为他人的奴隶。[4]

---

1 柏拉图《斐德若篇》247C–D。

2 [美]潘戈：《政制与美德——柏拉图〈法义〉疏解》，朱颖、张清江译，北京：华夏出版社，2011年版，第18页。节制是快乐实践（私人）的美德，正义是社会交往（公共）的美德，参见[古罗马]普鲁塔克：《古典共和精神的捍卫：普鲁塔克文选》，包利民等译，北京：中国社会科学出版社，2005年版，第198–199页。

3 “节制是一切善的模式”，“节制之崇高贯穿一切美德”。[古罗马]扬布里柯：《哲学规劝录》，詹文杰译，北京：中国社会科学出版社，2008年版，第128页。

4 柏拉图《法律篇》635C。

色欲令人疯狂，但柏拉图并未予以完全的拒绝，而是坦承：对于人事，没有比汲汲于快感（欲望）更正常、更自然的了，对快感无动于衷的不食人间烟火者，实属罕见。快感因自身之故而被选择，因为它与人之自然天性深度契合。[1]快乐的生活是愉悦的、惬意的，顺乎人之自然欲望，但柏拉图坚信须以一种"正确的方式品尝"快感。何为正确的方式？既非一味追求快感，亦非无限逃避痛苦，而是维系两个极端之间的平衡状态。为实现凡人所能实现的幸福，被视为"自立之法"的审慎选择相当重要，以节制的方式享受快乐，不放纵欲望，不幻想过分的希望，指导生活既不走向激烈，亦不落入疯狂。[2]联系到《法律篇》承认两性快乐由自然所赋予，承认某些性活动是值得赞扬的，并借雅典来客之口，指责斯巴达政制违背两性关系的自然法则，加之柏拉图对饮酒（甚至醉酒）的褒扬，可以确定，若说无度的快乐与无限的痛苦是两个极端，那么，柏拉图试图在二者之间找到最佳结合点，换言之，正确的生活道路，应避免极端的快乐和极端的痛苦，实现二者中间状态。[3]

---

1 人人期待快乐而不喜欢痛苦，希望快乐多一些、痛苦少一些，即便不得已选择了中性状态（既不快乐也不痛苦）的生活，并非它可以代替快乐，而是用它可以逃离痛苦。因而，痛苦的生活不值得一过，快乐很少、痛苦很多的生活亦不值得考虑。柏拉图《法律篇》733B–D。

2 柏拉图《法律篇》733E–734E。

3 柏拉图《法律篇》792D–793A。

有节制的生活是温和的；[1]有节制的爱，是正确的爱，是对“有序而美好之事物”的爱。[2]在柏拉图的教诲中，正确的生活是能够主动抵制诱人快乐的生活，遵循“勿过度”这一法则。[3]亚里士多德的论述并未偏离柏拉图的轨道，但引入了最具亚氏标识的“中道”之说。伦理德性关乎性情，它是中道，因而，与放荡或纵欲的相反状态，是一种节制状态。古希腊词“节制”(sophrosune)出自“健全的心灵”(phronein)，意指有足够的心智控制欲望，知道自我界限，并在行动中自我约束，[4]因而节制也是一种实践智慧(phronesis)，节制者等同明智之人(phroneimos)，[5]“有节制的灵魂就是好的灵魂”。[6]

节制大多与身体快感有关，且“必然与某些欲求相关”，[7]节制者不以不当的欲求为乐，在适当的事物中所取的快乐也不会过度。节制者做出审慎选择，“欲求他所应该欲求的东西，以应该的方式，在应该的时间，这也是理性的

1 柏拉图《法律篇》734A；另见《斐莱布》(52C)“强烈的快乐以不节制为标志，而不强烈的快乐以节制为标志”。

2 柏拉图《国家篇》403A。

3 柏拉图《斐莱布》45D。反之，放荡者因受极度快乐的支配而变得愚蠢，成为笑料。

4 [英]尼古拉斯·布宁、余纪元编著:《西方哲学英汉对照辞典》，北京：人民出版社，2001年版，“节制”词条，第987页。

5 参见色诺芬《回忆苏格拉底》III.9:4。

6 柏拉图《高尔吉亚》507A。

7 亚里士多德《优台谟伦理学》1230b22。

安排"[1]；反之，"不自制者的行为是出于欲望，不是出于选择"。[2]于亚里士多德，节制和中庸是善德，行于节制和中庸"是最好的品德"[3]，一旦养成了节制的性情，就最能实现对身体的管理和对欲望的控制。[4]

伦理德性的能力经由生活习惯和行为习惯而形成，某人的实现活动怎样，其性情也就怎样，[5]因而，不断的实践养成固定的品格倾向后，就会形成不变的性情状态。人之性情是天性、习性和理性的复合物，性情出自习性，并由理性所完善，故此它绝非小事，"它非常重要，或宁可说，它最重要"。[6]

一个人对欲求的选择，关乎个体的性情，节制的状态是力图协调理智与欲望的矛盾，俾二者达至平衡，"在互相冲

1　亚里士多德《尼各马科伦理学》1119a11–12、1119b15–16。

2　亚里士多德《尼各马科伦理学》1111b12；另见色诺芬《回忆苏格拉底》（IV.5:11）唯有自制者"重视生活中最美好的事情，对事物进行甄别，并且通过言语和行为，选择好的，避免坏的"。

3　亚里士多德《政治学》1295a37、1295b3–4。

4　亚里士多德《尼各马科伦理学》1104a35。苏格拉底的一次对话中，年事已高的克法洛斯认为，人生所遭遇的种种痛苦和不满，无关年龄，而在于性情，若有节制、心平气和，步入老年就算不得什么痛苦，倘若性情正好相反，年老和年少都免不了烦恼。柏拉图《国家篇》329D。

5　坏的性情随人的成长而形成，因此，必须培养好的习惯。拉尔修《名哲言行录》2.96。

6　亚里士多德《尼各马科伦理学》1103b24–25；另见柏拉图《法律篇》792E。

突的原则中做一种秩序的建设，而不是在不相容的冲突中来互相毁灭”。[1]后来的斯多亚学派也相信“冷静而理性的欲望”是可以接受的，如塞涅卡直接挪用亚里士多德学说，将生活分为三类：沉溺享乐的生活、静观思辨的生活、参与政治的生活。三种生活虽有高低之分，却无法割裂而只选择其中一种，“热衷于享乐的人并没有抛弃沉思，沉思默想的人也没有放弃享乐……”[2]

古希腊人不拒绝快感，但并非无度挥霍，而是推荐一种检点而节制的生活方式（即梭伦所说“勿过度”或克勒俄布洛斯所言“适度最好”），对正常欲望的追求中，“少有人做错，且只可能有一种错，即过度”，[3]但并非所有的欲求都须节制，如求知欲就无须节制；就官能享受而言，视觉、听觉无所谓节制不节制，若沉溺于视听愉悦（如欣赏一幅精湛画作或静听一首美妙歌

1 狄金森：《希腊的生活观》，第117页。

2 塞涅卡对伊壁鸠鲁并无好感（伊壁鸠鲁学派亦不认同毫无意义的享乐），此篇残文的部分内容针对伊壁鸠鲁式享乐主义有感而发，但不否认“这群酒色之徒”不仅参与政治生活，还对享乐有深入思考，可见，所有学派都赞成沉思，这正是塞涅卡的写作目的：将三种生活最终归结为沉思的生活，“而不论他们的标签是哪一个”。但是，三种生活穿插交织，沉思的生活并不意味着放弃享乐的生活。[古罗马]塞涅卡：《道德和政治论文集》，袁瑜琤译，北京大学出版社，2010年版，第240页；另见《哲学的治疗：塞涅卡伦理文选·2》，吴欲波译，北京：中国社会科学出版社，2007年版，第74—75页。

3 亚里士多德《尼各马科伦理学》1118b17。

曲），并无不妥，视听（包括嗅觉）引发的快感即便过度了，也不称之为放荡。[1]亚里士多德所谓的节制主要针对触觉，人之三种基础欲望——吃、喝、性——皆为触觉的享受，换言之，触觉的快感多由“饮食”和“色欲”引发，不过，“触觉的放纵并不涉及整个身体，而只涉及身体一部分”。[2]

贤哲并未悬置对快感的道德评判，但不认为它是一种罪愆（相反，快感实践旨在恢复一种贴切自然的生存方式，如柏拉图《会饮篇》中的阿里斯托芬讲述的爱情故事[3]），所针对的是如何有节制的获取快感经验，即快感享受的度与量才是关注目标。亚里士多德承认快感实践在“人类生活中的自然地位”，但要受到正确节制：“对于既令人愉悦又有益健康的事物，他可以适度求之，且以应该的方式。对于其他使人快乐的东西，只要不妨

1 亚里士多德《优台谟伦理学》1230b22–1231a24；《尼各马科伦理学》1118a2–17。两份文本都认为味觉的快感时有过度（但归根结底，关乎触觉），但《尼各马科伦理学》认为，极偶然情况下，嗅觉的快感会过度。

过度（或不自制）与放荡（或纵欲）不同。前者虽然不对，但尚可勉强接受，而后者必须予以拒绝，且放荡者多半无可救药。亚里士多德《优台谟伦理学》1230b2–9。

2 亚里士多德《尼各马科伦理学》1118b7。

3 福柯：《性经验史》，第 158 页；另见狄金森：《希腊的生活观》，第 142 页。“爱情的目的不在自身的满足，而在灵魂的发展与完全。”

碍健康或有损于高尚且力所能及，他也是这样”。[1]《向墨诺伊库斯致意》一信中，伊壁鸠鲁提出了著名的快乐主义宣言：

> 当说快乐就是目的的时候，指的并非那种荒淫无度的快乐，或沉溺于感官享受的快乐——就像那些对我的看法无知、反对或恶意曲解的人所认为的那样；相反，我指的是身体的无痛苦和灵魂的无纷扰。因为快乐不是无止境的狂饮烂醉，也不是沉溺于娈童和女人的美色，也不是享受鱼肉和餐桌上其他带来甜美生活的美味佳肴，而是冷静的推理，找出我有所选择和规避的原因，将那些让灵魂陷入最大纷扰的观念赶走。

这段文字的关键词是“冷静的推理”（近乎柏拉图对节制的定义：对欲望保持“正直的冷漠”[2]），它如何与“快乐主义”纠结？古希腊四德之一的“节制”，不是盲目的节制，却是“受正确推

1　亚里士多德《尼各马科伦理学》1119a15–20。医师厄里克希马库斯从技艺的角度看待爱欲：健全和健康欲望的满足，是美事，亦是正确的和必要的，这就是医学的技艺。医术是关于身体的知识，是一项身体技艺，其研究对象是欲望（胀与泄），医道高手能够区分爱欲的优劣，引发没有但应有的爱欲，消除不该有却具有的爱欲，因而，有节制的欲望是正确的，节制会使头脑保持清醒。高贵的（节制的）爱使冲突事物相和谐，低贱的（不节制的）爱使万物趋于毁灭，比如在自然界，前者带来风调雨顺，万物兴旺，后者导致灾害频繁，瘟疫肆虐。柏拉图《会饮篇》186C–188B。

2　柏拉图《斐多篇》68C。

理影响”的适度节制。[1]伊壁鸠鲁以为：智慧者“采摘时间”，追求的不是最长，却是最快乐，[2]但在伊氏的所有言说中：明智是“首要的和最大的善”，而“明智”是一种实践智慧，是一种“审慎”的生活态度，“明智”因而与“节制”是同义语[3]：

> 明智甚至比哲学更为可贵，所有其他的德性都是从它那里产生出来的。它教导说，一个人不可能快乐地生活，除非他明智、美好而正义地生活着；一个人也不可能明智、美好而正义地生活，除非他快乐地生活着。因为德性同快乐地生活结合为一，而快乐地生活也同德性不相分离。[4]

伊壁鸠鲁此番陈词，不仅是居勒尼学派对快感的认知，[5]

1 施特劳斯：《柏拉图》，斯特劳斯、克罗波西主编：《政治哲学史》，第 71 页。

2 拉尔修《名哲言行录》10.126。

3 “节制这个词的意思就是保持明智”，而明智作为实践智慧，“是同善恶相关的、合乎理性的、求真的实践品质”。亚里士多德《尼各马科伦理学》1140b6–7、11–12。

4 拉尔修《名哲言行录》10.132、140。反之，德性与快乐亦不可分离，而其他东西如食物，是可以与快乐分离的。第欧根尼《精选集》则颠倒快乐与德性的位置：人“为了快乐才选择德性，而不是为了德性本身，就像为了健康才寻求医术一样。”拉尔修《名哲言行录》10.138。

5 居勒尼学派教导大众：“肉体快乐比灵魂快乐要好，肉体痛苦远比灵魂痛苦要糟”，享乐与身体且只与身体相关，灵魂的快乐，精神的愉悦，都是肉体享乐方式之一种。但这一学派并不鼓吹放纵，而以为“审慎”是一种善。拉尔修《名哲言行录》2.87–91。

亦是柏拉图对欲求的看法，生命体受两种行为动机控制：一是求快感的欲念，这是天生的，二是求至善的希冀，这是习得的，“这两种倾向有时互相调和，有时互相冲突，有时甲占优势，有时乙占优势。若是求至善的希冀借理性的援助，引向倾于至善，那就叫做‘节制’，若是快感的欲念违背理性，引向贪求快感，那就叫做‘纵欲’”[1]，柏拉图《卡尔米德》专就节制的定义展开讨论，《法律篇》对节制有一段直观比喻：“如果一个人在恰当的时间从恰当的泉眼中汲取了适量的泉水，那么他过的是一种幸福的生活。”[2]

阿里斯托芬援引巴门尼德对爱的颂歌：“一切神灵中爱神最先产生”；赫西俄德《神谱》赞美“厄洛斯是原始第一，是造物主，是一切事物所从出的原则”；伊壁鸠鲁主义的集大成者卢克莱修，其《物性论》上场就褒誉维纳斯是“生命的给予者”。诗哲之所以歌颂爱神，献上种种溢美之词，因为：

> 爱神不仅公正，而且谨慎。大家公认审慎是节制快感和情欲的力量。世界上没有一种快感比爱情本身还要强烈。一切快感都比不上爱情，就是因为它们都受爱神节制，而爱神是它们的统治者。爱神既然统治着快感和

1　柏拉图《斐德若篇》237D–E。

2　柏拉图《法律篇》636E；另见柏拉图《高尔吉亚篇》491D–497D 卡里克勒与苏格拉底关于节制的论辩。

情欲，岂不是最审慎的吗？[1]

“认识你自己”是德尔菲神殿铭文（据传，这一名言最先出自泰勒斯之口），被后人再三引述（如帕斯卡尔对这一信条的发挥：“人必须认识自己：如其这不能有助于发现真理，至少这将有助于规范自己的生活，没有别的比这更为正确的了”[2]），神殿另一同样著名的铭文“勿过度”，却不大被后人提及。古希腊人不愿沦为快感的奴隶，相反，积极探询正确享用快感的途径；亦非控制需求本身，相反，主动把握需求的程度。有人指责居勒尼学派创始人阿里斯提波“享受着性伴侣莱斯的温情”，阿氏应道：“最好的情形不是不享受快感，而是支配快感但不被其征服。”[3]学园派中期的主持人阿尔克西拉俄斯，公然与两位女性同居，被人诋毁，其回答与阿里斯提波的一模一样。[4]古希腊人并不

---

1 柏拉图《会饮篇》196C–D。之前发言的医师厄里克希马库斯，亦献出爱的颂歌：爱神的力量伟大而神奇，存于一切神圣和世俗活动之中。无论天上的还是地上的爱，当“它的运作是公正的、节制的，以善为目的之时”，爱显出最伟大力量。爱神赐下种种欢乐，使人类彼此友好相处，亦与神明维系敬爱关系。柏拉图《会饮》186A–188D。

2 帕斯卡尔《思想录》II:66。

3 拉尔修《名哲言行录》2.75。叙拉古僭主狄奥尼修曾让阿里斯提波从三位妓女中任选一位，阿氏却把她们全部带走，理由是：“帕里斯就是因为三挑一而付出了代价。”但阿里斯提波并未将她们领回家，而是打发走，他之所以如此：“既是看重自己的选择，也是表达轻蔑。”

4 拉尔修《名哲言行录》4.40。

规范快感实践，亦非设计性爱技巧，但妥善打造一套生活的技术，“这种技术不要求消除性行为的自然本性，也不想夸大快感效果，而是试图尽量按照自然的要求安排性活动”。[1]故快感实践并非今人想当然的现代放任自由主义后果（或资产阶级自由主义遗毒），却是正宗的古典自由主义伦理观。[2]古希腊人是如此大胆谈论爱欲，实践快感，以致掌管爱欲的女神阿芙罗蒂忒，被世人用“快感”作为其“最真实的名字”，[3]“对阿芙罗蒂忒的侍奉”则婉言“云雨之事”，[4]后来的希伯来人干脆将古希腊哲学直接等同伊壁鸠鲁主义，冠以无度寻欢作乐的恶号，后来的狄德罗则为享乐主义恢复名誉：“享乐主义者是少见的名声最坏而品质最高尚的人。”

欲求身体的满足是所有动物的共质，唯人渴望荣誉，古希腊邦民也不例外，种种外来的幸福中，他们格外看重声望。譬如，为获得卓越的、为人称道的男子气概，并非通过欲望的恣意满足，恰恰是快感的适当节制，为名誉而节制

1 福柯：《性经验史》，第235页。

2 被誉为最深刻的保守主义者施特劳斯亦认为：“善的生活便是按照自然本性的生活，这意味着安于特定的界限；德性在本质上就是适度。在这个方面，古典政治哲学与非政治的古典快乐主义之间并无区别；快乐决定性地依赖于对我们欲望的限制。”施特劳斯：《现代性的三次浪潮》，《苏格拉底问题与现代性》，第36页。

3 柏拉图《斐莱布》12B。

4 柏拉图《国家篇》329D。

（欧多克索斯是亚里士多德列出的典型[1]）。放纵者反而是软弱的、顺从的、阴性的，因屈服于欲望，具有“与娘娘腔类似的被动性”。[2] 德性等同卓越（古希腊语 arete“德性”与“卓越”两意兼备），而英文 virtue（德性）直接出自拉丁文 virtus（男子气概）。[3] 色诺芬《回忆录》经苏格拉底之口说道：“对于任何希望有高尚成就的人来说，自制都是必要的。”[4]《希耶罗》明确提及：“许多受尊敬的人（真正的男子汉）在吃喝以及其他享乐方面都是自愿克制自己的，而且在性爱方面也都刻意地节制其放纵。”[5]《居鲁士的教育》继续写道：“高贵的人，真正出类拔萃的人，俊美而勇敢的人，虽然对金钱和骏马以及美女也有所渴望，却能够退避三舍。”[6]

古希腊没有禁欲说，甚至罕见义务论，而以审美态度对待人生，强调个体的发展及灵魂的健全，使身心处于和谐状态。善即适度，恶即不及或过度，破坏了欲望和理性之间的平衡与有序。古希腊“道德”一词的分量，不像今日这么重，道德的性质是“使组成人类自然性质的各要素互得其平

---

1 亚里士多德《尼各马科伦理学》1172b15–20；参见柏拉图《法律篇》734E。

2 福柯：《性经验史》对此有充分论述，第 185–188 页。

3 尼古拉斯·布宁、余纪元编著：《西方哲学英汉对照辞典》，“德性”词条，第 1059 页。

4 色诺芬《回忆苏格拉底》IV.5。

5 色诺芬《希耶罗》II:1。

6 色诺芬《居鲁士的教育》V.1:14。

衡”，“道德之被赞美，因为它能满足自然”。[1]以福柯的分析：在古希腊，“性活动是如此深深地扎根于自然之中，而且其方式又是如此自然，以致它无法被视为罪恶”。[2]身/心、情感/智慧、欲望/理性，乃古希腊人所持的二元论，却非前者被后者所毁灭，而是维持之间平衡，“看它们的关系如何，是有序或无序，而产生出的结果若为和谐即是美德，如有混乱，即是瑕疵”。[3]譬如，柏拉图对纵欲的非罪化解释：不节制者并非由于不道德，而是灵魂的失序。灵魂的失序是因为身体出了问题。与灵魂相关的最大疾病是痛苦与快感的过度，放纵作为灵魂病态之一种，主因是体内精子太多，当精子旺盛生长，寻求出口，便发生强烈欲望，因而，指责不节制者为恶人是不公正的，人变坏乃因身体功能有问题（包括缺失良好教育），所以导致疯狂和无知。[4]亚里士多德亦不将快感有罪化，而认为伦理德性即中道，它并非毁灭欲望，而是控制欲望，驾驭欲望，使快感实践置于逻各斯的管辖范围。

欲望本身不是罪恶（或带有“原始堕落的标志”），而是它可能诱发的疯狂，所谓伦理德性，就是对欲望能量的控制、驾驭

1 构成人类自然性质的各种要素本身，并无所谓好坏，善恶区别在于要素之间的秩序或混乱：善即在对的态度、对的时机中，取得对的平衡，恶则与之相反。详见狄金森：《希腊的生活观》，第114–120页。

2 福柯：《性经验史》，第158页。

3 狄金森：《希腊的生活观》，第120页。

4 柏拉图《蒂迈欧》86C–E。

和管理。因而，对快感的认知，并非导入一种“贞洁状态”，而是引向一种“节制状态”，牢牢抓住生活的主动权与自我的支配权，做欲望的主宰。[1]故快感并非道德规范的管束对象，亦非理论说教的调控目标，而是一种实践智慧，一种“允执其中”的生活艺术。对快感享用的适度调节形成伦理学，一如对家庭财产的合理使用形成家政学。更其重要，既然最好的生活方式是行于中道，“行于每个人都能达到的中庸”，这一原则亦适用于自由人的城邦政治，[2]而“城邦应具备节制的品德”。[3]“恰当关注自我的人，基于同样的理由，在与他人的关系上并且为了他人之故，能够采取适当的行动。所有人都适当关注自我的城邦，也会是一个运转良好的城邦，并且也会从这种关注中找到它永久存在的伦理原则”。[4]

1 福柯：《性经验史》，第160页。“理解快感不是从一种允许和禁止的绝对律法出发，也不是以有用性为标准的，而是首先对快感自身而言，根据快感的程度、特别的质量、延续的时间和在身心中的影响来认识快感。”福柯：《性经验史》，第42页。

2 以亚里士多德的分析：人之感情或实践的三种状态（过度、不及和中道），可分别对应极富、极贫和中产阶层，极富易于“逞强放肆”，极贫易于“懒散无赖”，唯以中产阶层为本“才能组成最好的政体”，顺从理性的引导，免除内讧，有利于政治清明和社会安定，凡远离中道的政体“一定是恶劣的政体”。《政治学》1295a36以下，参见1302a14、1310b20。

3 亚里士多德《政治学》1334a20。

4 福柯：《自我关注的伦理学是一种自由实践》，《福柯读本》，第355页；《性经验史》，第183页。节制使城邦和谐，见柏拉图《国家篇》430E–432B。

（2）

亚里士多德《尼各马科伦理学》卷七前十章探讨自制，后四章转向快乐，以探讨自制作为论述快感的界面，如此结构安排自有用意。《尼各马科伦理学》卷一第五章明确贬低沉溺快感的生活，卷二第三章谈及伦理德性与快乐和痛苦的高度关联，卷七第十一章则重启快感话题。亚里士多德首先列出世人否认快感是善的三种常规意见及支持这些意见的简要论证，之后亮出自家观点（这是亚里士多德习惯采用的论辩程序，这一策略再次出现于卷十开篇），展开正式讨论之前，亚里士多德先给出"说快乐不是善或快乐不是至善是没有根据的"这样的结论，随后逐一回应上述三种意见，共计提交七项辩词。以下几条论证值得注意：点出"善具有双重意义"（总体意义上的善与对具体某人而言的善）；区分偶性的快乐与无条件的快乐（前者是回复性的快乐，后者是自足的快乐）；说明快乐既是实践（实现活动），亦可以作为目的，因而"不必认定还有一种比快乐更好的东西"。亚里士多德拒绝"快乐是感觉的过程"这一说法，而独具匠心地主张将"感觉"替换为"无阻碍"，将"过程"明确为"人之自然状态的实现活动"，即，快乐是人之自然状态不受阻挠的实践活动。[1]

1 亚里士多德《尼各马科伦理学》1152b8–1153b19。参见特西托勒：《德性、修辞与政治哲学》，第 90–91 页；盖拉：《亚里士多德论快乐与政治哲学》，刘宇译，刘小枫编：《城邦与自然：亚里士多德与现代性》，北京：华夏出版社，2010 年版，第 154—157 页。

接下来的一章开头，亚里士多德写道：快乐是善，痛苦是恶，凡阻挠实践活动的便是恶，应予避免。然后笔头稍转，将议题从“快乐是善”转换为“快乐是至善”。针对反面意见（斯彪西帕斯），亚里士多德为快感辩护：没有道理说快乐不是至善，即便某些快乐是坏的，“甚至多数快乐碰巧是坏的”，并不妨碍快乐仍是至善。[1] 倘若每种活动都不受阻碍，这就是幸福，是可欲可求的。快乐固然不等于幸福，但“幸福就是快乐的生活”。亚里士多德对快感作为至善的辩护，并非说明快感至高无上，而是点出幸福与快乐的关系。[2] 既然幸福的生活和快乐的生活令人愉悦，皆为善，那么，二者是等价的，[3] 所谓幸福，就是一种“完美的现实活动”，不因缺乏而受到阻挠；所谓没有缺乏，包括机遇的善（如运气）、外在

1 甚至，即便快乐对某人是不可取的，但某些时候某些场合可能是好的（亚里士多德《尼各马科伦理学》1152b30–31）；有些快乐并不是善，但“在某些时候以某种方式获得了善的属性”（柏拉图《斐莱布》32D）。

2 盖拉：《亚里士多德论快乐与政治哲学》，刘小枫编：《城邦与自然》，第159页。

3 幸福与快乐的等价关系，亚里士多德给出三条理由：1. 至善的定义；2. 现实的证据；3. 幸福的性质。详见亚里士多德《尼各马科伦理学》（廖申白译本）第233页注释1。另外，伊壁鸠鲁的观点亦近于亚里士多德，但视角稍有不同：“当我们因缺乏快乐而感到痛苦时，我们才需要快乐；当我们不再感到痛苦时，我们也就不再需要快乐。正因如此，我们才说快乐是幸福生活的开端和终点。”拉尔修《名哲言行录》10.128。

的善（如财富）、身体的善（如健康）等等。[1]

卷七最后一章自然而然引入肉体快感（“佳肴、美酒和性爱”）。亚里士多德仍取惯用的“设疑求解”法：“为什么肉体的快乐看来更为可取？”先来拎出亚氏关于肉体快乐（欲望）的另一段论述。亚里士多德认同柏拉图的灵魂三分说，并为之配以各自的品格：“明智是理性部分的德性，温和与勇敢是激情部分的德性，节制和自制是欲望部分的德性。”[2] 令人愉悦的事物并不都是好的（如吞食大麻产生的快感），即便令人愉悦的事物是好的，却时常相互冲突、彼此抵消（如聆听音乐的快感妨碍阅读沉思的快感），但是，就肉体快感而言，“它是我们接触得最多且人人都能够享受的快乐”，[3] 罪恶在于对肉体快感的追求过度，而非快感本身，换言之，“问题在于是否以应有的方式”获得必要的身体快乐。这显然与卷七前十章论述的自制遥相呼应。

亚里士多德不断论辩的过程中，逐渐接近中心议题：厘清快乐的性质，以及与善恶的复杂关系。伊壁鸠鲁言“没有

1　参见亚里士多德《政治学》1323b40–1324a2。

2　亚里士多德《论善与恶》1249b26。

3　亚里士多德《尼各马科伦理学》1153b35–1154a1。

任何快乐自身就是恶的”；[1] 希珀伯托斯称一切快乐皆等同，“一种快乐不比另一种快乐更快乐”。[2] 但亚里士多德毕竟不是伊壁鸠鲁学派或居勒尼学派那样的极端快乐主义者，对快乐的正名，其实暗中服务于亚氏始终强调的“不含痛苦和欲望的快乐”，即沉思的快乐，因为它高尚、纯净、自足、持久、无劳顿，是“人之本性最好部分的实现活动”等等。[3] 不过，亚里士多德承认：沉思的生活并非没有问题，偶尔有损健康，[4] 沉思的生活甚至不是自足的，需要外在的善予以支持，如身体健康、基本需求的供应等等。[5] 针对肉体快乐的指责，亚里士多德很不同意，他提请此意见的持有者“应当考察一下快乐的性质”，并反问：“如果与恶相反的东西是善，那么与快乐相反的痛苦为什么是恶？”纵欲者绝对是

---

1 快乐虽非恶，但“有些引起快乐的事情却导致了比该快乐本身大得多的烦扰”。伊壁鸠鲁：《学说要义》，第 8 节。伊壁鸠鲁甚至认为：“对于那些放荡者而言，如果那些让他们快乐的事情真的能够解除其内心对天象、死亡和痛苦的恐惧，能够教导他们懂得欲望的限度，那我们就没有必要指责他们……”《学说要义》，第 10 节。

2 居勒尼学派是极端快乐主义者，希珀伯托斯是这一学派中的最激进分子，其《论学派》公然宣布：“即使快乐产生于最丑恶的行为，它也是善。因为即使行为是荒诞的，但其产生的快乐是由于自身就可以得到的，因而也就是善的。”拉尔修《名哲言行录》2.88。

3 亚里士多德《尼各马科伦理学》1177a20–1177b24。

4 亚里士多德《尼各马科伦理学》1153a20。

5 亚里士多德《尼各马科伦理学》1177a29、1178b35。

恶，这毫无疑问，为躲避所有痛苦，纵欲者选择过度快乐（甚至对于纵欲者，过度快乐变成了一种痛苦）。但是，对于非纵欲者，与过度快乐相对应的是适度快乐，因而，过度快乐的相反物不是痛苦，而是节制，在亚里士多德看来：高尚而纯净的快乐固然很好，值得拥有，但身体的快乐只要控制在“一定程度内”，并有助于实现生命有机体的正常自然状态，亦是好的，可欲可求。亚氏对快感的认知，显然承自师说：纯粹的快乐（如沉思），是不涉痛苦或欲望的快乐，因而比不那么纯粹的快乐（如肉体）“更加快乐、更加真实、更加美好”，[1]但涉及痛苦和欲望的身体快乐，有其实现的必要：自然状态（即和谐状态）的紊乱导致痛苦，而身体正常状态的恢复则建立快乐。[2]

欲求是“合于人类生存的条件”，为了人类绵延，有了两性之爱，为了营养，有了五味之好。[3]如此认知古今中外皆然，这些生活常识作为普通知识，并没有游离出古希腊伦理学之外，譬如：性爱和营养两类“必要的快乐”，是“同肉体相联系的”（亚里士多德）；[4]必要欲望的满足如饮食和色欲，有益身

1 柏拉图《斐勒布》53C。

2 柏拉图《蒂迈欧》64D；《斐莱布》31D以下、42D。“其他的快乐是从匮乏向正常品质回复过程中的快乐，而处于正常的状态比处在向它回复的过程中要更好。但是这些快乐又是伴随着一个走向完善的过程的，所以它们在偶性的意义上又是好的。”亚里士多德《尼各马科伦理学》1154b1–4。

3 费孝通：《乡土中国》，第120页。

4 亚里士多德《尼各马科伦理学》1147b25；另见1118b9–11。

心健康，乃“人之本性所必需的”（柏拉图）。[1] 当身体处于某种缺失状态，便发出信号，提示并指使个体努力获取，维持身体的和谐平衡。基本需求的匮乏，谈不上自我发展，因为，生物性的需求尚未满足，强烈的满足意识就会主宰肌体，迫使所有能量为“满足”而服务，并组织身体机能，“使其达到最高效率”。[2] 基本欲求的实现，有助于个性的健康发展，然后通向更高层次的社会性欲求（此亦古希腊人常见观点：情欲的平泄使身心轻松，好将精力转向其他人生工作[3]），使自我趋于完善，换言之，“将肌体从一个相对来说更强的生理需要的控制下解放出来，从而允许更加社会化的目标出现”。[4] 因而，快感的实践不仅仅是基本需求的满足，更是基本需求满足后的更高层次欲求——自我发展、自我实现，以创造性的活动，实现潜能的充分发挥，所有这些皆为对基本欲求的超越。[5]

趋乐避苦系人之本性，快感原则支配日常行动（弗洛伊德深信：快乐意图左右生活目的），除非为了将来更大收益，没人会为痛苦而痛苦。快感，生活的永恒主题，亦是人类深切关注并孜孜探询的高端命题。但这一词汇容易招致误解。欲求期

1 柏拉图《国家篇》558D–559C。

2 马斯洛：《动机与人格》，第 42 页。

3 柏拉图《会饮篇》191C。

4 马斯洛：《动机与人格》，第 21 页。

5 快感不产生于既定状态，“而产生于我们对自己的力量（潜能）的运用”。亚里士多德《尼各马科伦理学》1153a12–13。

待快感，但快感的享用不可简单等同欲求的满足。“Want”作名词解，既有欲求、需要之义，亦有匮乏、欠缺之意，欲求是对“匮乏得到充实”的渴求，因而是尚未实现、尚未满足状态。动物的种种活动，以及所尽的种种努力，“都是为了追求与它的身体正在经历的状况相反的状况”。[1]既然欲求是某物的缺席，是缺失、贫瘠、不足，处于一种不满，一旦实现或满足，欲求即刻泯灭，没人在吃饱喝足之后依然留恋饮食。[2]

食色等回复性快乐是不稳定的，[3]亦非是无限的，[4]一旦达到临界点，快乐便不再是快乐，甚至变成痛苦。对于回复性快乐，柏拉图有明确说明：“补充的过程、缺乏的过程、一切与生物的保存与衰亡的过程、痛苦与快乐更替的过程”，是“从一种感觉过渡到另一种感觉的过程”。[5]

当有机体的自然状态被结合与分离、补充与缺乏、

1 柏拉图《斐莱布》35C。

2 在没有匮乏的充实状态下，不再想望在回复自然状态时所感受的愉悦。亚里士多德《尼各马科伦理学》1153a3。匮乏是痛苦，补足是快乐，但并非所有快乐都是补足，如学习的快乐，“不存在需要补足的匮乏”。《尼各马科伦理学》1173b19。

3 帕奈提俄斯《论学派》言：“作为目的的肉体快乐并不是随着痛苦的消除而产生的稳定快乐。”拉尔修《名哲言行录》2.87。

4 因身体的匮乏而产生的痛苦一旦消除，快乐就此中止，最多可以变换花样。伊壁鸠鲁：《学说要义》，第 18 节，参见色诺芬《希耶罗》I:22。

5 柏拉图《斐莱布》34E–35E。

成长与衰败的过程损害时，其结果就是痛苦、困顿、受难……当有机体按它们的自然状态建立起来以后，它们自己也就满足了，这种建立就是快乐。[1]

欲求的无法成全便是痛苦，欲求的实现则是痛苦的中断或暂时消失，而快感是欲求的正在实现，伴随实践活动始终，专注于此刻的享用，以亚里士多德的语言表述："快乐比欲求更属于实现活动自身，因为，欲求在时间上和本性上都与现实活动相分离，而快乐则与实现活动紧密联系，难以分离。"[2] 让—吕克·南希亦言："去快乐不是去获得满足，而是被填满，被充溢。"[3] 故某些快乐，尤其超越基本需求之外的快感，并不指涉痛苦与否。

"欲求"不宜被解释为"享受的欠缺"，相反，"享受是使欲求作为应被满足的欠缺而出现……生活也享受着欲求自身"。[4] 享受的欠缺，是享受的必要组成，此论似乎有悖常理，却道出了生活的真实。色诺芬回忆录中，苏格拉底告知欧绪德谟："不自制给人带来的唯一东西就是快乐，其实，它并不能做到这一点，惟有自制才能给人带来最大的快乐。"此话怎讲？欧绪德谟满脸困惑。苏格拉底继续说：

1 柏拉图《斐莱布》42C。

2 亚里士多德《尼各马科伦理学》1175b31–32。

3 让 – 吕克·南希：《解构的共通体》，第 325 页。

4 港道隆：《法外的思想》，第 68 页。

> 不能自制就不能忍饥、耐渴、克制情欲、抑止瞌睡，而这一切正是吃、喝、性交、休息、睡眠之所以有乐趣的原因；在经过一段期待和克制之后，这些事才能给人以最大的快乐，而不能自制则恰恰阻碍了人们对于这种值得称道的最必要和最经常的乐趣的享受。惟有自制能使人忍受我所讲的这一切，因此，惟有自制才能使人享受我提到的这些值得称道的快乐。[1]

于苏格拉底，节制的生活能带来更深刻、更令人回味、更“值得称道”的享受与愉悦，在体验饥渴的过程中增强快感。[2] 苏格拉底辩证式的讲解很直白，凭日常经验就能把握，但世人常常遗忘这一真实的生活艺术。快感分为消极与积极两种，前者是满足型的快感，只为消除痛苦；后者属于生产性的快感，增加快感，丰富快感体验。若说消极的快感欲求

1 色诺芬《回忆苏格拉底》IV.5:9。普拉迪克斯的寓言《论赫拉克利特》中，德行的化身说道：“我的朋友们都心情愉快、无忧无虑地享用饮食的乐趣，因为他们总是等到食欲旺盛的时候才进饮食。”《希耶罗》给出反面事例：可随时满足口腹之欲的僭主，在“预期带来的快乐方面”比普通老百姓差许多，而且，“超过足够的款待，他越快地感到腻味，所以，在持续的快乐方面也是如此，一个在饮食上被服务得太多的人不如以一种节制方式生活的人过得好”。分别见色诺芬《回忆苏格拉底》II.1:30、33 和《希耶罗》I:18–19。

2 对于苏格拉底，食欲本身就是最好的调味品，在饥渴之时才享用饮食。色诺芬《回忆苏格拉底》I.3:5–6。

是消费性的，将物转化为我的一部分，从外向内，犹如食物转化为身体能量，即，消费某物，弥补自身的某种匮乏；那么，积极的快感是生产性的，对快感的调节，是为了更好享用快感、持续享用快感，引发快感的同时增长快感。这亦是伊壁鸠鲁的教诲：正因快乐是“首要的和天生的善”，所以要学习放弃一些快感享受，甚至适当延长痛苦推迟享受，会带来更大的快感。[1]甚或，快乐的感受亦源自对快感的预期，是对令人愉悦的事物的想往。[2]

人之本性决定其无法在某种状态中持续享受快感（亚里士多德《尼各马科伦理学》卷七和卷十为这种现象给出不同解释：前卷基于人之自然属性，人是有限的与混杂的，后卷基于人之生理属性，人的官能享受无法持续不断）。[3]“同一事物不能永远使人快乐”，这是人性的必然规定，尤其身体快感，是偶性的、回复性的快感，并非无条件令人愉悦，不仅被外在因素所制约，亦被享受的程度所限定。

具有抵挡诱惑、控制自我的能力，才有更好享用快感的能力，学会自我控制、节制、克制，使快感温和、缓慢而持久，并在欲求满足与快感享受之间维系一种最佳状态。以欲

1　拉尔修《名哲言行录》10.129。

2　色诺芬《希耶罗》I:18、《会饮》IV.41；柏拉图《斐莱布》32C；亚里士多德《修辞术》1370b10。另外，休谟亦有类似意见，《人性论》（下册），第351页。

3　亚里士多德《尼各马科伦理学》1154b21–30、1175a5–11。

求维持快感，以欲求调节快感，福柯视其为“需求的战略”。色诺芬笔下的居鲁士给出教导：远离短暂的欢愉，并不说明不想得到这种快乐。不是的。自我约束是一种训练：想获得更大的快乐，须先经过一段时间的磨炼。[1] 快感享受的延迟，其目的并非消除快感，相反，旨在引发欲求延长快感、推进快感、增强快感，[2] 获得一种色诺芬所言的“持续的快感”。[3]

生活的展开就是生活于欲求之中（或说，追逐无数细微需求的不断满足构成了生活），“处在自己的欲求中比较幸福……依存于幸福的欲求就像不断被满足的空虚一样，有满足的余

1 色诺芬《居鲁士的教育》I.5:9。

2 福柯：《性经验史》，第 163 页。

3 居勒尼学派认为，“痛苦的消除不是快乐，无快乐也不是痛苦，这两者都存于运动之中，无快乐和无痛苦并不是运动”。《尼各马科伦理学》卷十章 4 写道：快乐是完整的，其形式“在任何时候都不可能靠延长时间来完成”。这似乎是严重挑战。那么，该如何理解此话。快乐不是运动（生成），而是实践（活动），因为运动经历时间，具有目的，如建造房屋，建造过程中的每一时段（工序）只是部分，房屋一旦盖好，建造活动也就随即停止，因为目的已经实现了。而快乐“不具有生成变化的时间结构”，比如观看活动，“不存在开始、中间和结束”，其形式在任一时刻都是完善的（而运动，如建造房屋，其每一时刻都是不完善的）。所以，无论增强的快感，还是持续的快感，所享受的快感不处于时间之中，而只能当下发生，每时每刻的快乐感觉在强度上可能有所不同，但每一刻都是快感的享受，是完全的、完整的，故与运动和时间无关。亚里士多德《尼各马科伦理学》1174a15–1174b13；参见［美］伯格：《〈尼各马科伦理学〉义疏：亚里士多德与苏格拉底对话》，柯小刚译，北京：华夏出版社，2011 年版，第 299 页。

地。”[1]没有障碍的无限满足并不会带来快感（至少越容易得到的满足，其快感程度越低。幸福的天堂呆久了，也觉腻味，歌德曾说“没有比长期的风和日丽更令人难受的了”，的确，没有狂风暴雨的阴郁，怎能感受到风和日丽的舒畅），设某人一切欲求皆可满足，那么，快感随“边际效益递减”而很快丧失，恶果紧随而来，生活无聊，没有盼头，即是说没了希望，陷入彻底的虚无（如享尽荣华富贵、妃嫔成群的所罗门王在《传道书》中接连喊出三十余次虚空，“当人不存在饥渴之状时，其双手必会微妙莫测地伸入虚空”[2]，“即使所有欲求都得到满足，人还可能为‘生的倦怠’而痛苦”[3]）。人之天性“决定了强烈享受感只能产生于对比，而不能产生于事物的一种状态中”。[4]

平民出身而跻身僭主之列的希耶罗老是抱怨：僭主并非人们想当然的那样比普通人快乐许多，其实呢，情形可能更糟。如饮食，僭主虽可品尝种种山珍海味，但是，若随时都能吃到精美食物，也就没啥食欲了，而饥者对粗茶淡饭也会“满心欢喜”，“风卷残云饱餐一顿”；[5]关于性爱，僭主可轻易

---

1 港道隆：《法外的思想》，第 68 页。

2 马丁·布伯：《我与你》，第 42 页。

3 港道隆：《法外的思想》，第 99 页。

4 弗洛伊德：《文明及其缺憾》，第 16 页。

5 “享用佳肴的人，会因为饱食终日而不知其味。”色诺芬《会饮》VIII:15。另见亚里士多德《尼各马科伦理学》1173b16；拉尔修《名哲言行录》10.131。

赏玩更多美女或俊男，不过：

> 我想大家知道，性快乐在伴随着爱的时候才会带来更大得多的享受。但是，回报之爱是最不容易在僭主身上产生的，因为爱产生快乐并不是在伸手即得的事情上，而是在希望中得到快乐。这样，正像一个没有饥渴过的人不能尽享痛饮的快乐一样，一个没有爱的饥渴的人也不会体会到最甜蜜的性快乐。[1]

既敏于快感，又敏于痛苦，此乃人心的微妙反应，痛苦是“幸福的失败”，是享受的失败，但幸福并非没有痛苦的生活状态，[2] 因为痛苦是生命的必要组成，亦是幸福的必要前提。欲求与欲望不同，欲求是“相对欠缺”的满足，而欲望并不来自欠缺，它是想象中的更好，祈望中的更多。人之欲望总是超越其实现能力，沦为欲望的奴隶，比如僭主希耶罗，其欲望随欲望的满足而不断膨胀，为维系欲望的生活，必然想方设法以不正当手段满足不正当的欲望，反而成了不幸者和可怜者。[3] 欲望的层次大致有三：自然、必要而又必需

---

1 色诺芬《希耶罗》I:25–30；另见《回忆苏格拉底》III.11:13–14。

2 港道隆：《法外的思想》，第 69、95 页。

3 色诺芬《希耶罗》IV:6–10。

的（如食欲）；自然、必要但不那么必需的（如性欲）；[1]既不自然又不必要更不必需的（如权欲）。在合理欲求的满足当中，“有些是为了获得幸福所必需的，有些是为了摆脱身体的痛苦所必需，有些则是为了生活本身所必需。对这些的真切认识，将会让所有的选择或规避都指向身体的无痛苦和灵魂的无纷扰”。[2]所谓“选择”，所谓“规避”，其实就是祛除虚妄的欲望。而对虚妄欲望的祛除，不仅是对欲求的真切认识，亦是对自我的正确认识。

自我照料——关乎性情卓越的技艺

（1）

柏拉图《阿尔喀比亚德前篇》，苏格拉底三次提及德尔菲神殿铭文，一步步将阿尔喀比亚德引向“认识自我”，这一论辩策略同样出现于色诺芬的回忆录。小青年欧绪德谟恃才傲物，自认是人中之龙，苏格拉底决定打击一下这位自负青年的嚣张气焰，便寻个机会同欧绪德谟单聊。苏格拉底先是赞扬欧绪德谟为求智慧而弃金银，实在难能可贵，欧绪德

1　参见亚里士多德《尼各马科伦理学》1118b9–11；柏拉图《国家篇》558E–559C。

2　拉尔修《名哲言行录》10.127–128。

谟听得此话自然很是欢喜，也就乐于和苏格拉底攀谈。当苏格拉底问及“何为正义”时，欧绪德谟的每一次回答却错谬百出，于是“再也没有信心了”，甚至对自己深感失望。苏格拉底随即将话题转向德尔菲神殿铭文，此时的欧绪德谟骄傲本性犹在，自以为晓得铭文之意：“如果我还不认识自己，就很难说知道任何别的事了。”但苏格拉底的一段滔滔不绝又令欧绪德谟不知如何作答，不得不放下身段请教如何认识自己。苏格拉底并未急于接茬，而将话头转入“何物为好？”苏格拉底层层论证、步步紧逼，每一次追问都令欧绪德谟心虚不已，最终承认自己的彻底无知，垂头丧气走开，很是瞧不起自己。欧绪德谟的品性毕竟不坏，虽受打击，仍愿接近苏格拉底，力争做个“值得称道的人”，苏格拉底见目的已达，也就不再为难欧绪德谟，师徒两人之后的探讨话题便自然导向节制。[1]

自知无知是认识自我的开始，[2] 苏格拉底的言说中，节制是关于自我的知识，[3] 唯有节制者有自知之明：知道自己知道什么，不知道什么。[4] 柏拉图笔下的阿尔喀比亚德与色诺芬

1 色诺芬《回忆苏格拉底》IV.2。

2 智慧始于认识自己，愚蠢则是对自己的无知：“一个人如果不认识自己，把自己所不知道的事倒以为，而且相信自己知道，就接近于疯狂了。”色诺芬《回忆苏格拉底》III.9:6–7。

3 柏拉图《卡尔米德》165B；《阿尔喀比亚德前篇》131B、133C–D。

4 柏拉图《卡尔米德》167A。

笔下的欧绪德谟相仿，同样是小青年，同样是美男子，同样的自负，同样欲进入政界，阿氏亦一度迷失于外在之物（如财富、权势、美貌、名誉）而不认识自己。苏格拉底看到事情不妙，便以唯一情人的身份纠缠阿尔喀比亚德（阿氏的回应是："以一种古怪的关心来烦我"），但在爱欲的诱引下，阿尔喀比亚德愿意拿出一定耐心聆听苏格拉底的教诲。对话过程中，苏格拉底仍取老伎俩令阿氏自感无知之后，顺利引入"关心自己"这一话题，使阿尔喀比亚德逐渐认清"属于自己的东西"≠"自己"，因而关心属于自己的事物≠关心自己，比如，关心鞋子是为了关心脚，关心制鞋技艺是为了关心鞋子，但二者（尤其后者）都不是对脚的真正关心，只是关心属于脚的东西，唯有体操是在关心脚、关心身体。[1]苏格拉底问道："能知道让自己更好的技艺，而对我们自己之所是一无所知吗？"倘若对自己一无所知，就不可能知道如何关心自己的技艺，换言之，为了关心自己，须首先认识自我。[2]那么，何为真正的自己？苏格拉底随即给出重要表述，"那嘱咐认识自己者劝告我们要认识灵魂"[3]（故学人为《阿尔喀比亚德前篇》冠以副标题"论人的本质"），迫使阿尔喀比亚德由对外在之物的迷恋转向对内在之物的认识：人是灵魂、身体及两者结

1 柏拉图《阿尔喀比亚德前篇》128A–129A、131A。

2 "关心自己在认识自己中找到了自己的形式和完成。"[法]福柯：《主体解释学》，佘碧平译，上海人民出版社，2010年第2版，第62页。

3 另见柏拉图《苏格拉底的申辩篇》29E。

合的整体，“真正运用身体的是灵魂”，故灵魂是身体的主人，身体被管理，被灵魂所管理——认识了灵魂，才能更好管理身体。[1]

认识自己，是认识自己的灵魂；关心自己，是关心自己的身体，只有认识了自己（灵魂）才能更好关心自己（身体），更能准确认识属己之物。显然，较之认识自我，关心自我是实践性的，而非知识论的，但二者是“一种动态的交织，一种相互的召唤”。

认识自我者，晓得何事于自己适合，“并且能够分辨，自己能做什么，不能做什么”。[2]因而，自我认识包括对自我能力的认识，认认真真经营好自己所能把握的事，对不能掌控的事不要抱太多期待。认识自己的能力，即有自知之明，搞清自己“作为人的用处如何，能力如何”。苏格拉底对欧绪德谟的劝诫，同样针对阿尔喀比亚德：在相貌、出身、财富、教养、品性方面，阿氏皆不如外邦领袖，有资格骄傲么？有资本与外邦人一争雌雄么？[3]两位青年聆听苏格拉的教诲后，认识到自己没能真正理解“认识自我”的丰富含义，

1　柏拉图《阿尔喀比亚德前篇》130A–E。阿尔喀比亚德美貌凋零、情人们一个一个离开之际，苏格拉底作为他的第一个情人，却不离不弃，为之提供有益的教诲，正是出于此理。

2　色诺芬《回忆苏格拉底》IV.2:26 以下。

3　柏拉图《阿尔喀比亚德前篇》120E–124B；另见色诺芬《回忆苏格拉底》I.2:25。

于是请求苏格拉底给出进一步说明。色诺芬《家政》安排苏格拉底与老友克里同之子克里托布鲁交谈，苏格拉底论及种种欲望（如色欲、饕餮欲）的强大奴役力量时，克里托布鲁自认“当我审视自己，我觉得自己还能很好地控制这些欲望”，但随对话的展开，克氏发现对“属己之物”（财富）没有正确的认识，自己虽然阔绰，却开支无度，很可能以贫穷潦倒告终，变成“真正的可怜人”，于是转而要求苏格拉底关心一下这个可怜人。[1]《家政》这份文本，对理财能力的认识是自我认识之一部分，而节制对于家政不可或缺。[2]在节制状态中，自己是自己的管家，同理，好的家政亦需一位优秀的管家。

对快乐的错误理解，恰恰是不认识自己。[3]节制即自知，节制的生活即合理有序的生活，苏格拉底将人之欲求比作罐子，对于节制者，罐子满了，就不再自寻烦恼“去寻求进一步的供应”，而欲望不受控制者好比有裂缝的罐子，当事人日夜操劳，费尽心力，结果却是用筛子取水试图装满那漏水的罐子。[4]节制是自我认识，亦是对欲望的认识。人之需求分为基本欲求的满足与额外欲望的满足，前者为消除身体的痛苦而获取满足；后者为填补精神的空虚而获取满足，却

1 色诺芬《家政》2:1。

2 色诺芬《家政》7:14–15、9:11、11:18。

3 柏拉图《斐莱布》48C–D。

4 柏拉图《高尔吉亚篇》493B–E。

令“灵魂陷入最大纷扰”。欲望乃“幸福者的不幸、奢侈的欲求”，欲求有可能无法实现，而欲望肯定无法满足，“即使欲求的所有满足也不能平息逃走的欲望”。[1]欲望是索取，占有可欲之物，因所欲之物是绝对的他异，无从企及，无法填充，故欲望永不会被满足，[2]欲望甚而引出“不正当的希望”，[3]从而陷入另一种更大的匮乏。[4]既然“欲望就包含着痛苦”，[5]而匮乏感来自欲望，那么，躲避痛苦的方式之一是学习节制，调整心态，克服“不幸、奢侈的欲求”。亚里士多德认为“伦理德性”要求审慎的考量，而确当的选择“是一种经过思考的欲求”。[6]既然选择是对所欲之物的期求或规避，是欲望与理智的结合，因此，合理的欲求是在满足欲望的种种有限方式中实现力所能及的最大满足，而这样的人，是懂得事物限度的人，亦是知晓如何更好生活的人。

人乃社会性的存在，始终处于伦理关系之中，并被伦理关系所规定。自我关注、自我导向并不意味着关闭心扉，而

1 港道隆：《法外的思想》，第99页。

2 有人问彼翁：谁的苦恼更多？答曰：那些对生活抱有最多期待的人。拉尔修《名哲言行录》4.48。

3 巴塔耶：《我对主权的理解》，《色情、耗散与普遍经济》，第226页。

4 参见亚里士多德《政治学》1267a1–10。

5 亚里士多德《尼各马科伦理学》1119a4。

6 亚里士多德《尼各马科伦理学》1139a24–1139b5。种种欲望有理性与无理性之分：前者是“内心信服的欲望”，后者是自然的欲望，“没有出自某种主张或看法的欲望”。亚里士多德《修辞术》1370a15–25。

是与他人积极交流、协调、沟通、互动。首先，自我引导的同时由他人导引，自我实践的同时由他人帮助：如长者的忠告，师尊的教诲，家长的鼓励，亲人的安慰，友朋的意见，爱侣的劝勉等等（可用边沁的“私人教育艺术”为之命名）；其次，人之社会角色是多重的（或为人子，或为人父，或为人夫，或为人师等等），自我关注者更可看清每一角色所担之责；再者，富有创造性的生活艺术除了为我，亦为他人提供样本，作为审美化的生活实践推荐给他人——以潜移默化的方式感召他人，而非强加唯一的生活方式。[1]譬如，长者在施行教育时做出表率，自尊自重，不自我放纵，[2]自然，最著名的长者是苏格拉底，他在节制上狠下工夫，不仅自我约束，还劝勉他人节制，[3]倘若某人没有廉耻，毫无节制，“那么，怎么能够想象这样的榜样会有可能使他所爱的人变得节制而又谦逊质朴？”[4]

自我训练的过程，“始终存在着与他人的关系问题”[5]，学会如何自处（独白）的同时，从他人那里受益，俾他人受益。

---

1 居鲁士作为“高高在上完全可以傲慢的人”，却能实现自我节制、自我约束，这为周围人提供了榜样，使他人获益不少，居鲁士以身作则，使他人同样可以“经受艰难，承受冷热饥渴的考验”。色诺芬《居鲁士的教育》VIII.1:30、36；参见《回忆苏格拉底》I.2:1。

2 色诺芬《居鲁士的教育》I.2:8。

3 色诺芬《回忆苏格拉底》I.2:1–8、14、18；I.3:5–15。

4 色诺芬《会饮》VIII:27。

5 福柯：《自我关注的伦理学是一种自由实践》，《福柯读本》，第354页。

色诺芬《会饮》中的安提斯蒂尼坦承享受欢悦，同时认为并不需要很多，当他谈及“和女人有关的那种本能欲望”时，觉得身体需求应该得到满足，“的确，见面时会有那种亲昵不乏温馨的感觉，但这种温馨也要恰好随意，就可以充分享受到这种欢悦……”[1]安提斯蒂尼既是犬儒学派奠基人，又是最具“男子气概”的斯多亚学派奠基人，他从苏格拉底那里学到节制、坚韧和不动心，又这些品质分别传染（或说引导）给克拉特斯、芝诺以及第欧根尼。[2]

自我关注是将生活的镜头聚焦自我，但绝非唯我论的聚焦，因为“我”并非孑然一身、孤家寡人在世，即便极端孤独的默然沉思，也积极与世界发生关系，与他人发生关系——“沉思也是行为，也是话语，因而也是对话”[3]——“我

1 色诺芬《会饮》IV:38–39。

2 拉尔修《名哲言行录》6.2、14–15。拉尔修谈及安提斯蒂尼时说：“审慎是最坚固的城墙，因为它既不坍塌，也不背叛。一个人应当将城墙建立在深思熟虑的的推理上。”色诺芬夸赞安提斯蒂尼“就谈话而言他是最令人愉悦的人，在其他事情上也是最节制的人。”

3 人之尊严在于自主性，理解并决定何谓好的生活，尊重自己就是尊重本人的独特性，在生活中“表现和发现这种独特性”，但是，人之存在并非孤独在世，“内在的发生不可能以独白的形式存在，人类生活的本质特征是其根本性的对话特征”，“对自己的认同的发现，并不意味着我是在孤立状态中把它炮制出来的。相反，我的认同是通过与他者半是公开的，半是内心的对话协商而形成的”。泰勒：《承认的政治》，汪晖、陈艳谷主编：《文化与公共性》，第295–316页。

的世界”的消失，恰是由他人引起的。[1] 同时，自我实现不等同于个人主义，“所谓个人主义，是把你的评价当成普遍的准则，而个人主义之所以盲目、狭隘和平庸，就因为它表明你尚未发现自己，尚未创造出你的独特、最独特的崇高目标”。[2]

自由实践并非无目的、无原则的胡来，相反，是主体的适度自律，亦是灵魂对身体的健康管理。[3] 自我关注是学会如何自处，进而学会与他人相处——倘若处理不好自我与自我的关系，那肯定处理不好与他人的关系。在福柯的言说中，自我关注是限制权力滥用的有效方式。自我关注作为有机自治体的一种克制或约束，对自我行使权力，这种“施加到自己身上的权力”也制约着“施加到他人身上的权力”。既然福柯最后的著述将笔触转向古希腊，此番言说并非无来头。

苏格拉底的亲炙弟子柏拉图和色诺芬皆重视教育，尤其色诺芬，其书写多与教育有关:《会饮》是针对男子的教育，《家政》则针对女人;《居鲁士》是针对君王的教育，《希耶罗》则针对僭主。无论面向何等人物的教育，实质是以节制为目标的教育，由节制导出美德。伯里克利曾是少艾阿尔喀比亚德的监护人，但忙于要务，分身乏术，只好让一位昏聩

1 详见德勒兹:《他者论》,《德勒兹读本》，第 234 页。

2 [德]尼采:《快乐的知识》，黄明嘉译，北京，中央编译出版社，2001 年版，卷四，第 335 节。

3 参见柏拉图《阿尔喀比亚德前篇》130A–E。

的老仆作阿氏的监管。苏格拉底委婉提醒，阿尔喀比亚德之所以不认识自己，在不合理的欲望中自我迷失，原因在于良好教育的匮乏。[1]正如亚里士多德所言："人欲没有止境，除了教育，别无节制之法。"[2]

古希腊伦理学由四德支撑：智慧、节制、正义、勇敢（柏拉图《伊庇诺米斯》探讨智慧，《卡尔米德》探讨节制，《忒拉叙马霍斯》探讨正义，《拉凯斯》探讨勇敢），四者结合是为了实现头号美德：高尚。柏拉图区分了世俗意义上的好（健康、美貌、财富）与神圣意义上的好，后者首要的是智慧，其次是节制，然后是正义，最后是勇敢。[3]节制是其中关键一环："最高意义上，节制与智慧是同一的"，[4]节制者必定有"足够的心智"自我控

1 指控苏格拉底的三原告之一安尼图斯，其子未能受到良好照顾，苏格拉底认为他"难免会染上某种可耻的嗜好而深深陷入罪恶之中"。事实确如此，这位青年人嗜酒如命，昼夜不断，"结果把自己弄得无论对城邦、对朋友或对自己都毫无价值"，安尼图斯教导无方，亦因"狂妄无耻"，虽已死去，仍留恶名。色诺芬《苏格拉底在法官前的申辩》30–31。

2 亚里士多德《政治学》1266b30。特西托勒认为卷七与卷十对快感的双重论述，是由于亚里士多德视角的转换："前者以推介快乐是政治哲人值得研究的一个主题为开端。这与卷十中的第二种思考以教化为旨归，形成鲜明对照。之所以重新引入快乐主题，是因为它对于年轻人的道德教育影响最大。快乐和痛苦遍及整个人生，对于涵养德性和获得幸福尤为重要。"特西托勒：《德性、修辞与政治哲学》，第133–134页。

3 柏拉图《法律篇》631C–D。

4 柏拉图《法律篇》710A。

制，而“缺乏节制的地方，正义也难以盛行”。[1] 节制之所以重要，因为“心灵健全和有节制的人从各方面来看都必定是正义的、勇敢的、虔诚的、全善的”。[2] 按苏格拉底的说法：节制乃通向美德之路，甚至是“一切德行的基础”，[3] 他要求门人“将自制看得比什么都更重要”，因为不自制者没有自由，亦远离智慧，更与健全的理智无关。[4]

古希腊哲人倡导节制教育，尤为看重对政治家的自我训练，柏拉图《治邦者》的目标是如何调教权力的掌管者，若将治理国家比作编织技艺（经纬天下），那么政治家的技艺乃中庸之道，适度运用权力，即说，权力的掌管者不能任意挥霍权力，而是受其节制。[5] 即便具有高尚灵魂的政治领导者，亦需具备节制的品质，[6] 倘若国家由不节制者统治，结果肯定好不到哪去。[7]《阿尔喀比亚德前篇》正是针对那些想成为统

1 柏拉图《法律篇》696C。

2 柏拉图《高尔吉亚》507C。

3 色诺芬《回忆苏格拉底》I.5:4。

4 色诺芬《回忆苏格拉底》IV.5:2 以下。

5 柏拉图《治邦者》283C–285C。《治邦者》（305D 以下）断言：节制与勇敢的结合，会构成政治的卓越；《法律篇》（712A）申明：节制与智慧结合，是一种“最高的力量”，无需其他条件，“就会产生最好的体制和最好的法律”。

6 柏拉图《法律篇》710A。《国家篇》580C 认为“最有王者气质者，最能自制”。

7 参见柏拉图《国家篇》431D–432B。

治者的人（潜在的权力行使者，未来的城邦治理者）而写，苏格拉底责备阿尔喀比亚德尚未受到好的教育之前“就冲到政治堆里了”，苏氏提醒道：自我操练是投身政治的最基本训练，倘若不认识自己，就无法认清“自己人性中的恶与善”，而关心自己，最终目的有助于政治，实现城邦的良好管理。[1]苏格拉底曾劝导年轻貌美、身世显赫的卡尔米德进入政界，一番劝导之后便是恳切劝诫：

> 哦，我的好朋友，不要不认识自己，不要犯大多数人所犯的错误；因为尽管许多人急于察看别人的事情，对于他们自己的事情却不肯加以仔细的察看。因此不要忽略这件事情，要努力更多地注意到你自己；不要忽视城邦的事务，只要力所能及，总要尽力对它们加以改善。因为如果把城邦的事务弄好了，不仅对于别的公民，至少对你的朋友和你自己也有很大的好处。[2]

某人如果“没有尽其所能来战胜诱使他陷于无耻和不公

---

1 柏拉图《阿尔喀比亚德前篇》133E 以下。福柯对这篇对话的解读：“为了能够照顾好我必须统治的其他人，我必须关心的这个自己是什么呢？这个循环就是从作为关心对象的自己到作为管理其他人的统治知识，我认为，它是这篇对话最后部分的核心所在。”福柯：《主体解释学》，第33页。

2 色诺芬《回忆苏格拉底》III.7:9。

正的许多快乐和欲望，那么他能主宰自我么？”[1]色诺芬笔下的苏格拉底一再提醒权力的掌管者，最重要的是自我克制、自我节制。譬如，一位政治家的口才是否流利、能力是否出众、心思是否巧妙，这些并不紧要，而“首先必需的是自制”，倘若具备以上种种才华而没有自制，“那就只能多行不义和多作恶事罢了”。[2]苏格拉底告知阿里斯提波：自制是“光荣而有价值的美德”，培养自制能力是政治家必备的品格，[3]唯有自制者才会重视生活中的最美好事物，避恶趋善，成为高尚者和幸福者，以及“最能推理”和“最具领导力”的人。[4]居鲁士则是色诺芬敬重的杰出政治家，他不会为一时之快而放弃追寻美德，而最好的教育就是实现自我的约束。[5]

自我关注易于被斥为自爱、私心或利己，[6]是欲望的奴隶，与付出、奉献、舍己、牺牲等等利他要求抵牾，[7]可是，

1 柏拉图《法律篇》647C；《阿尔喀比亚德前篇》122A。

2 色诺芬《回忆苏格拉底》IV.3:1。

3 色诺芬《回忆苏格拉底》II.1:1–7；参见 I.5:1。

4 色诺芬《回忆苏格拉底》IV.5:11–12；另见《家政》21:12。

5 色诺芬《居鲁士的教育》VIII.1:32。自我约束等同自我节制，但居鲁士（或说色诺芬）认为二者有少许差异：自我节制者在公开场合避免做出可耻之事，自我约束者在私底下也不会做出此等丑事。

6 参见亚里士多德《尼各马科伦理学》1168a28–1169a20 对这种观点的反驳。

7 据福柯分析，这是“关注自我”日后衰落的道德原因，尽管这一原因“非常肤浅”，尚未“达到事物的根本”，但“也许值得研究”。福柯：《主体解释学》，第 11–12 页。

恰恰那些不能自我关注者，通常是不能自我约束者，极易滑向极端个人主义的唯我论，不仅是欲望的失控者，且是权力的滥用者，翻手为云覆手为雨，喜欢毫无节制地将奇思怪想强加给整个社会，以本人的臆见压制非议，以本人的好恶宰制他人，并利用恐惧死亡的人性弱点，运用权力强迫他人服从，甚至搞个人崇拜来满足无度的自我欲望，包括将人民当成工具来实现自己野心勃勃的政治规划（回顾“承认”这一话题，对承认的欲望，其极端是权力欲，一人在上，是主子，万民在下，是奴隶，主子高高站在城楼上，面色惬意地伫听人民广场呼啸而来的“万岁”声），但以辩证法穷究，权力的主子正是欲望的奴隶，不能自控，却千方百计控制别人，[1]“只有当人们不关注自我并且成为自己欲望的奴隶之后，控制他人和向他人行使专横权力的危险才会出现”。[2]

（2）

边沁著作《道德与立法原理导论》辟出一节专事探究“私人伦理”与“立法事务”的界限，前者是“生活的艺术”，追求个体的最大幸福；后者是“管理的艺术”，追求社群的最大幸福。所谓艺术，系古希腊日常词汇，是一种个人生活或

1 参见柏拉图《国家篇》579CE。

2 福柯：《自我关注的伦理学是一种自由实践》，《福柯读本》，第352—355页。

公共管理的技艺，边沁所言的“私人伦理”与“立法事务”，类似柏拉图的技艺学说：医学、体育是照料身体的技艺（伦理），正义、立法是照料灵魂的技艺（政治），与前者对应的是烹调、美容，与后者对应的是修辞、智术，这些都不是技艺，而是技艺的假冒形式。[1]

在柏拉图对艺术的使用方式上，边沁将伦理等同艺术：一门如何指导行为的艺术，以产生最大可能的幸福。这门艺术若应用于个体，便被命名为“自理的艺术”（即“私人伦理”），它分为两类：对自我的义务与对邻人的义务，若不损害邻人的利益，可称之为“正直”（若增加邻人的利益，可视之为“慈善”）。就对自我的义务履行而言，“慎重”是其优良品质，私人伦理教导的是：在能力所及的限度内，“依凭自发的动机”，以“最有利于自身幸福的方式行事”。边沁的私人伦理观所言的“慎重”，与古希腊的“节制”、“审慎”或“明智”颇为相近。[2]

快乐和痛苦贯穿生命，并调节人之行为，人是趋乐避苦的动物（因而在古希腊，体验快乐和痛苦以引导青年的发展），学会爱所应该爱的、厌弃所应该厌弃的，这对于涵养性情至关重要。[3]古希腊语“伦理学”的字面意思是关乎性情，故伦理学是指“与性情有关的事情”，是涉及性情的一门学问。既然

1 柏拉图《高尔吉亚篇》464C。

2 [英]边沁：《道德与立法原理导论》，时殷弘译，北京：商务印书馆，2000年版，第348—360页。

3 亚里士多德《尼各马科伦理学》1172a20–23；另见1104b10–16。

“伦理学”由“性情”一词得名，那么，亚里士多德如何理解人之性情，在其中发现了什么，竟以性情命名伦理学?

以亚氏的分析，在灵魂中，性情“属于理性与欲望之间的调停者”，它虽是非理性灵魂，但并非完全无理性，而是分有了理性，是“非理性之海中的理性之岛”，可以服从理性的制约，“将难以驾驭的欲望和情感引入理性的统治之下”，因而“性情在道德改良中具有重要作用”，“通过操练性情可以转变欲望”，使欲望服从理性。“正是由于性情在人的灵魂中的作为，才带来人的道德卓越，也就是说，才带来了理性所要求的对欲望的约束”。[1]

中道作为一种伦理德性，乃人的品质之所系，是性格卓越的起点，由实践智慧所决定。中道是评判并避免两恶(过与不及)的尺度，但亚里士多德承认这一尺度不具有数学般的精准值，而是相对于每位个体而言的适度。值得注意的是，在论述伦理德性和中庸之道时，亚里士多德反复以技艺或艺术为参照，譬如创制一件作品，增减一分皆会破坏其整体效果，凡优秀匠师都在作品中寻求存于适度之中的完美性。[2]性情的卓越是经由卓越的训练所培养，是一种实践技艺的产物(好比乐师通过优秀的训练而变成优秀的音乐家)，因而，如何操练

1 张伯伦:《亚里士多德为什么称伦理学为 Ethics》，黄瑞成译，刘小枫编:《城邦与自然：亚里士多德与现代性》，柯常咏等译，北京：华夏出版社，2010 年版，第 251—260 页。

2 亚里士多德《尼各马科伦理学》1106a32–1106b6、1106b10–13。

性情不单是如何认识自我的理论问题，更是关心自我、照料自我的实践问题，一个人成为什么样的人，品格如何，与其实践活动密不可分，正如中道法则的具体落实是根据每个人性情不同而具有不同尺度，正确的实践活动同样没有一套固定的法则，而是因人而异，因地制宜，[1]“只恃个人在各特殊情形中的努力”。[2]

人之性格就是他的守护神”（赫拉克利特）[3]，每人皆有属己的性格，不可被一套严苛的律法或呆板的规条所框范，否则，幸福无从落脚。[4]晚年柏拉图修改了理想国方案，为满足人的各层需求与愿望，并未强行规定统一生活，“任何人都不能为一个特定的人严格地规定出一种特定的生活方式”。[5]偶在的个体在特出的生存境遇中，依据各自的性情过

1 以愤怒为例，何为“适度”状态？亚里士多德认为“这很难依照理性来确定”，它取决于具体情状，而对其判断亦取决于每位个体的感觉。《尼各马科伦理学》1126b4–6。

2 狄金森：《希腊的生活观》，第116页。

3 这亦是斯多亚哲人的观点：“人应当听从和尊重他的内在原则，听从和尊重他自己内部的‘守护神’。”

4 此类说法很多：“幸福的生活，就是过符合自己本性的生活”（塞涅卡）；“当你能够感觉你愿意感觉的东西，能够说出你所感觉到的东西的时候，这是非常幸福的时候”（塔西陀）；“凡在不以本人的性格却以他人为准则的地方，那里就缺少人类幸福”（密尔）；“最大的耻辱莫过于我们不是我们自己，最大的自豪与幸福莫过于思考、感觉、说属于我们自己的东西”（弗洛姆）。

5 柏拉图《法律篇》636A。

上属己的生活，为“肉体设计前途”，为灵魂谋划出路。由独特的性格导出独特的生存气质和风格，可视之为生存的美学化，或生活的审美化。

人与世界的关系是认知关系，人与人的关系是伦理关系，人与自身的关系则是审美关系。“我”不是给定的，而是逐步给出的，在具体而微的生活实践中渐次展开，逐步给出。如何选择生活，其实是如何自我设计，反复雕琢、打磨、修葺、历练，不仅是对“非我”的不断拒绝，亦是对“我”的不断否定，进而改变自我，发展自我。[1]福柯曾有如此追问：

> 对于一件审美艺术品来说，作为素材的生命观念是一个令人着迷的观念……给我很大触动的一个事实是，在这一社会中，艺术已经变成了某种只与对象相关，而不与个体或生命相关的东西。那种艺术是由艺术家专门制作或完成的东西。但是，每一个人的生命不可以成为一件艺术品吗？为什么一盏灯或一个房子可以是一个艺术对象，而生命却不可以呢？……从自我不是被给予我们的这一观念来看，我认为，只存在一个实践结果：必

1 “一个国家在某种程度上是由其修宪过程构成的；与之类似，自我在某种程度上也是由它的变化过程构成的。”[美]罗伯特·诺齐克：《经过省察的人生：哲学沉思录》，严忠志等译，北京：商务印书馆，2007 年版，第 113 页。

须把自己作为一件艺术品来创造。[1]

我与我的关系，不是“认同的关系”，应为“变异的关系、创造的关系、革新的关系。保持同一，实在令人腻烦”。[2] 那么，关心自己的技艺是什么？为了提升自己，创造自我，赢得让人称道的卓越气质，“大量的自我训练是必要的”：不断锤炼，获取勇气；不断探询，获取智慧；不断磨砺，获得坚韧；不断反省，获得谦谨……因而自我关注的生活是门艰难的课业。时时敏察的个体，在局部性的、探索性的试错中，持续踅摸、勘察、寻求，自由实践，自我导向，借此“发明自己”，“设法创造自己”[3]，获取每人应有的特异气质，维系别样的生活。但这注定是一场艰辛的劳作，因为：赋予个性以“风格”，实乃“伟大而稀有的艺术”。[4]

---

1 [美] 理查德·沃林：《文化批评的观念：法兰克福学派、存在主义和后结构主义》，张国清译，北京：商务印书馆，2000 年版，第 278 页。相关译文参见福柯：《论伦理学的谱系学：研究进展一览》，《福柯读本》，第 304 页。

2 米勒：《福柯的生死爱欲》，第 352 页。福柯认为：“不应该把创造性行为归因于他与自我的某种关系，而是应该把人们与自我的关系归因于某种创造性行为。”福柯：《论伦理学的谱系学：研究进展一览》，《福柯读本》，第 305 页。

3 [法] 米歇尔·福柯：《求知之志》，杜小真选编：《福柯集》，上海远东出版社，2003 年版，第 336 页。

4 尼采：《快乐的知识》，卷四，第 290 节。

在亚里士多德的言说中，每种感觉都有自身的快乐，[1] 同样，每种实践亦有自身的快感体验，实践形式不同，快感形式也就不同，因而快感具有多样化的属性。实践与快感无法分离，实践并非是实现快乐的手段，快乐亦非是外在于实践的目的，因为快乐总是处于某种实践中的快乐（比如在绘画中体验创作的快感）。当实践由快感相随，就会做得更好、更精到（比如爱绘画的人，在创作的快感中不断取得进步）。要之，每种实践都有属于自身的快感，并由这种快感所加强。[2]

快感的享受是生活的艺术，快感的生产是生活的技艺，以快感为准绳，打造属己的生活方式，无论是性爱的快感、求知的快感、书写的快感，创造的快感、劳作的快感……[3] 人既是艺术家，又是艺术品，等待自我设计，自我绘写，自我造型，在多样化的快感实践中，经由艰苦卓绝的训练和磨砺，通过持之以恒的摸索与料理，“使自己变得完美”。

使自我变得完美，首先得学会做自己的主人，只有做自己的主人才能实现自我统治，即“节制、自制、控制自己的

1　亚里士多德《尼各马科伦理学》1174b21。

2　亚里士多德《尼各马科伦理学》1175a29–1175b14。

3　“快乐的知识”（尼采）和“文本的愉悦”（巴特）皆为快感的另一种表述。譬如，对文本的阅读不再是知识的汲取，而是愉悦的享受，阅读成了身体行为，“继一种符号学愿望之后，便出现了关于符号学家的科学；因此，应该摆脱它，应该在这种理智的想象物中引入欲望的种子，引入对躯体的要求：这便是文本和文本的理论”。《罗兰·巴特自述》，第 39 页。

快乐和欲望”。[1] 柏拉图《斐德若篇》的驭马比喻，其实是关于如何驯服欲望的说明：驾驭快感，“作自己的主宰”；《国家篇》明言：节制是“对某些快乐和欲望的控制”，即“做自己的主人”。[2] 人受饮、食、色三种欲望驱使，“如果一个人受过良好的训练，那么会产生美德”，倘若受到不良训练，就会产生相反结果。[3] 因而，自我统治绝非易事，苏格拉底为此设计一套节制训练法：与可耻做斗争，与诱惑做抵抗，确保个体在与欲望的纠缠中取得胜利，经受如此锻炼，实现

1　柏拉图《高尔吉亚》491E。

2　柏拉图学园第四代掌门波勒蒙，年青时放纵无度，一次醉酒后贸然闯入学园，恰好第三代主持克塞诺克拉斯特讲授节制的话题，波勒蒙顿时被吸引了，皈依门下，在克氏过世后接管学园。拉尔修《名哲言行录》4.16。

3　柏拉图《法律篇》782E。不必要的欲望有害身体，还妨碍灵魂的智慧与节制，但只要从小注意，是可以戒除的，或说从小受过训练，是可以纠正的（柏拉图《国家篇》559A–C）。色诺芬推崇居鲁士的卓越品性，原因在于从小就接受自制教育，比如饮食的自我约束。在不断自我锻炼中，培养自我约束的能力，并使自己出类拔萃。倘若懈于锻炼，自我约束的能力就会丧失殆尽（色诺芬《居鲁士的教育》I.2:8–9、VII.2:75–76、VII.5:77）。

完全的自我支配。[1]

好的品性是通过不断的操练而维系，自制亦不例外。若疏于自制，人就会败坏，好比怠于体育运动，身体素质便会下滑。政治家克里底亚和阿尔喀比亚德曾是苏格拉底的学生，在与老师的交游过程中有所获益，能够自我控制，实现自制，但自打离开了苏格拉底，便懈于对自制的训勉，并与诡诈之人打得火热，品性被逐渐腐蚀，以致二人在后来的从政生涯中造孽不止。所以，勤于自制，结交贤人，皆是对德行的锻励。[2] 人的完美，人之善好品质的增进，并非像瓜果的成熟那样自然而然，应在日常生活中孜孜于德行的操练而

---

1 柏拉图《法律篇》647D。另见色诺芬《回忆苏格拉底》I.2:19–29、II.2:1以下；拉尔修《名哲言行录》6.70–71；爱比克泰德《哲学谈话录》I:2。事关修身实践，斯多亚学派和伊壁鸠鲁学派分别给出不同训练：斯多亚学派虽以顺从自然的方式生活，但时常采取一定程度的苦行，阻击享乐的体验，实现内心的宁静与达观；伊壁鸠鲁学派虽对享乐的态度是积极的，但以不损身体健康、不碍心灵宁静为准则的方式，拒绝多余的快感。二者同样过简朴的生活，以自我控制实现自我节制，最终达至平静而柔和的精神泰然。“这些特殊实践以自己的手段、步骤、秘诀构成了一种特殊的灵魂技艺。一方面，它与德性实践并无二致；另一方面，它使用的训练方式是与培养公民的方式相同的。”福柯：《性经验史》，第181页。

2 色诺芬《回忆苏格拉底》I.2:12以下。结识贤人有助于德行，交友应该结交有节制能力的朋友，见《回忆苏格拉底》II.6；参见柏拉图《泰阿泰德》150D–E。

与日俱积。[1]

既然伦理德性不是思辨，而具有实践目的，否则，这种高调的说教毫无用处，[2]那么，除了必要的思想训练，行为的训练亦不可少。以福柯对古代思想史的考察，关心自我是一套非常复杂的修身技艺，它作为一套勤于自我锻炼的身体性与精神性劳作，是对自身的改变，以“探究、实践与体验”来接近并达至真理。[3]德勒兹主张：作为情感属性的快感，“是一个人在征服自己的欲望的进程中‘重新发现自我’的唯一手段”。[4]福柯与德勒兹皆从生存审美化的角度拾取古希腊伦理的意绪。

自我关注的生活是审美化的生存，而非政治斗争化的生存，主体亦是快感实践的分泌物，而非道德法典的生成物。生活的展开基于躬行实践，如何在快乐的生活与明智的生活之结合中找到平衡点，事关个体的智慧与修行。某种程度，自我关注是一门学会如何克制（自制、节制）的生活艺术或生存技艺。克制不等同克欲，禁欲是自我弃绝，克制是自我彰

1 色诺芬《家政》7:43；参见亚里士多德《尼各马科伦理学》1103a15 以下。

2 亚里士多德《尼各马科伦理学》1103b26–28。色诺芬《回忆苏格拉底》（I.2:19）亦言：审慎经由实践而获取，“一旦激发起审慎渴望的原初经验由于没有得到经常践行而遭到遗忘，有关审慎的教诲或鞭策之言就会统统失效”。斯特劳斯：《色诺芬的苏格拉底》，高诺英译，北京：华夏出版社，2011 年版，第 13 页。

3 详见福柯：《主体解释学》，第 13–16 页。

4 德勒兹：《什么是欲望？》，《德勒兹读本》，第 208 页。

显；与被动态的克欲不同，克制是主动态的。在审慎的快感实践中，个体不沦为欲望的奴隶，不作“及物动词的囚徒”，同样，审美化的生存是主动支配生活，而非被生活支配，在创造性的日常实践中，自治的、自洽的生命体视生活为一件尚未完成的艺术品，视自我为一件有待完成的艺术品，不断实验，获致不同凡响的生存样式，将自我训练为有节制的审美主体，并视自我（以及生活）为审美对象，而非质押为革命道德的主体与革命权力的客体。

快感的生命法则是审慎自我引导，自我管理，成为自己身体的管家，适时把握尺度与分寸；革命的生命法则是由他人出面，全面呵护灵魂，不断操心个体的生命。生命体在细腻的权力技术裹挟下，急遽干涩、枯竭、败落，即便逃脱革命目光的朗照，也无法脱逃内在良心的谴责，在道德—良心这一不可见的眼睛的看守下，骚动的身体与纷扰的灵魂奇迹般渐趋平息。

如何挣脱无所不在的权力之网，如何游离无微不至的道德关照，让一度被否决的生命体蠢蠢欲动，因之丰润、膨胀、充盈？换言之，如何重夺生活的自主权？先回到自由这一命题。自由何以实现？“解放”是一流行答案（德勒兹言：“根本没有必要去生产任何传统形式的革命主体性，不需要你死我活的意识形态之战，不需要对现状的批判，也不需要政治能动性的基础；政治基本上只与欲望躯体的解放有关，只要使欲望躯体得到了解放，其他一切都会水到渠成”[1]），不过，这一不假思索的正确答案与其说回答了问题，不若说干脆取消了问题。解放，具有拯救的意思，将某某从压迫中解救、释放，解放实践固然是自由实践的前奏，但二者不可等同：其一，不能自制的人，反而是不自由的，被欲望所压制，成为欲望的奴隶，而奴隶没有自由可言；[2]其二，自我关注的能力，同时也是自由实践的能力，自由并非因被压制而需解放，相反，自由首先是自我选择的自由，自我实现的自由。自由若非自由地自我管理，自由地自我履行，还能是什么自由？[3]况且，解放并不承诺自由，并不必然带来自由，解放是免于某某的压迫，自由是免于某某的干涉，二者不等价，解放与自由的关系，完全是革命的一手虚构与杜撰，掩盖了其中的权力更迭问题，或说“为新的权力关系铺平了道路”，而权力与自由是不兼容的，相反，权力关系“必须受到自由实践的控制”。[4]

自由的第一状态是自我对自我的管理权，节制者征服欲望，赢得自由，[5]自制者不被享乐支配而习惯于自由。[6]自由

1 [美]斯蒂文·贝斯特、道格拉斯·凯尔纳：《后现代理论——批判性的质疑》，张志斌译，北京：中央编译出版社，1999年版，第140—141页。

2 参见色诺芬《回忆苏格拉底》IV.5:5。

3 “自由是伦理的本体论状态，伦理是自由所采取的深思熟虑的形式。”福柯：《自我关注的伦理学是一种自由实践》，《福柯读本》，第352页。

4 同上，第350—351页。

5 色诺芬《家政》1:23。

6 柏拉图《阿尔喀比亚德前篇》122A。

实践与自我节制相辅相成：首先，在既定的行动空间中，过着价值观自决的属己生活，自由决定能量的用途，允其发散、外溢、出逃，“这是自由的具体形式”；其次，自由实践是自我关注、主动节制的先决条件，未见自由的环境或氛围，根本不具备自我关注的可能，更没有主动节制的可能，一个管控严密的社会，只有粗糙的欲望满足，绝无精致的快感实践。

凡符合伦理化的生存，必定是审美化的生存。人之行为是自由的、活泼的实践，“并不是为固定法律所束缚的一种机械”，[1] 既然生命的张扬是实践性的，其多样化很难纳入制度性、规范性的管理模式。福柯为德勒兹著作《反俄狄浦斯》撰写的前言指出：“生活的艺术反对所有形式的法西斯。”无论何种法西斯（权力法西斯也好，道德法西斯也好），欲为日常生活、精神生活、文化生活输入统一目标，注入统一准则，同志般的生活方式将自由而活泼的个体生命打造成规定的形状，命令—服从、禁忌—信从、权力—屈从的他律模式造就大写之人，以示范性的道德来圈限生活，在统一模板的管控

---

1 “每种生活总是人所形成的艺术品，艺术家的能力就是他作品的性质，没有概括的规条能补充他自己的直接知觉的地位。”狄金森：《希腊的生活观》，第 116 页。福柯的言说显然受狄金森的影响：伦理主体“需要的不是像法律文献之类的东西，而是技艺或修养，也就是一种本领，在兼顾一般原则的前提下在适当的时机、背景下根据自己目的采取行动。”福柯：《性经验史》，第 169 页。

下，生命的脚步如履如临。

身体并非犯人，被动等待道德法官的裁断与审判；身体是自己的法官，自主运用身体能量，自我立法，自我审问。生存审美化是对规范性道德的有效突破，回归自我书写的小写之人，“我”不是既定的，而是有待塑造的，并非被他人打造（如园丁对花朵的培植），而是自我精心雕琢，以审美的眼光看护生活，理解生命激情。生存风格具有多种可能，不是被框范的可能性，而是越界、犯规的可能性，以越界、犯规的方式让曾一度被驯服、被侮辱的身体回归自由，在肉体快慰的劳作之中期待审美救赎，重获生活的自主权与自决权——“不是为了生活，这一切是生活本身”。以生存的美学化来审视生活、打理自我，自己为自己代言，无需“代表”代言（因为“代表”代表着权力），遵从内心发出的低吟，并学会倾听孤独者的呢喃，而非细心聆听权力的声音。

审美化的生存缘于切身的实践而非抽象的说教，每位个体“都是一个可能的世界，有其内在价值、引力和斥力”[1]，其“幸福的可能性已被本身的气质所限制了”[2]，这种独特气质预示着每人应有属己的生存风格，一如艺术家的独特气质决定其作品风格。节制而克制的快感实践，作为一种“看顾自我”的生活技艺，不是思辨的，而是实践的：时时照料，

1　德勒兹：《他者论》，《德勒兹读本》，第 233 页。

2　弗洛伊德：《文明及其缺憾》，第 16 页。

悉心守护，认准合理时机，把握合理尺度与分寸，自由实践，耐心劳作，不断摆脱非我，并持续更新自我，将个体打造为一件愉悦的艺术品。

生命的调燮是围绕生活的细节而展开，它是实践的伦理，而非规范的伦理，以生命体的自由舒展、绽放、驰骋，来探寻并成就属己的特殊生存风格，在赋予生命以独到气质的创造性实践中，已然隐含明智的生活与快乐的生活合二为一，亦是伦理学与美学的合而为一。[1]

（3）

以古希腊的伦理观，人之卓越端赖性情的正确培养，强制性改造或强制性训诫无助于人之德性的提升。革命社会亦将人视为艺术品精心打造（如墨索里尼对列宁的由衷夸赞："列宁是艺术家，他对人的创作就像对大理石或金属的创作"），但这样一种打造是由革命者出面，按革命者心目中的样子，以同志思维来规划他人命运，而"自我"是应该摒弃的；生存的审美化是自我履行、自我造型，因为每人都是不可公约的个体，皆有属己的性格，从这种独特的性格中，发现与自我性情相契的生活。同为对生命体的打造，两种方案相去不啻天渊：前者（命运的规划）以无限度的道德灌输强行改造人性，规定统一生

1　专事爱欲的柏拉图对话《会饮篇》，是二者结合的经典著述，副标题既可冠以"论美"，又可冠以"伦理的"。

活；后者（自我的履行）是认识自我，关注自我，实现自我与自我的恰切关系，并在规则之下过自己想过的生活，且自始至终有责任相伴。若按福柯的术语予以区分：前者是权力技术，个体被他人宰制；后者是自我技术，实施自我管理。

对革命式规划的拒绝，不在于人性是善是恶，抑或权力是邪是正，而缘于人之理性的有限。人非神，无法获悉全能知识，及对未来的准确预见。其一，对事物的理解有眼界局限，全面理解事物即使不说是野心勃勃的妄念，也是力不从心的尝试，对事物的理解只能是局部的、片面的，甚至是执拗的，偏颇的；其二，由于人之思维的有限性，不可掌握所处环境的全部信息，更不可能取得未知之物的详尽知识，因而不可能推出未来社会的准确模样与真实形态；其三，未来是位无限者，无限超出了我（有限者）的能力范围，既然不知道将来的我知道什么，自然也就不知道尚未知道的事物会带来怎样的影响，以及，发生怎样的后果。综上，以人的能力，根本无法设想（更谈不上设定）历史终极目标，只能在试错中一步一步前行，接近一个较好的社会。

真正的理性是认识到理性的有限性，若对此置若罔闻，理性便很快滑向非理性，事实也证明了，革命虽以某种科学的“主义”为指导，高举理性之纛，可是，群众暴风骤雨的狂热举动，领袖突发奇想的浪漫规划，完全不在理性控制之内，因而，抹上科学光环的革命式理性是反理性的——“非理性的力量被用来实现理性的口号”。[1]换言之，革命的目标是伟大的、理想的，经过层层论证与设计，然而，过程却是冒失的、疯狂的，理性的决策完全能够导向非理性的结果，完美的方案最终产生非理智的实践。

倘若相信理性之神可以妥善安排他人的命运，便没有真正理解人之有限性与局限性。人非神，即便智者，千虑难免一失，这一“失”所带来的灾难无法估量。命运的规划者既是历史主义者（遵循规律），又是工程主义者（改变社会），革命综合了二者，因为历史规律与人的意志并不矛盾，唯有意志遵循规律，才能合理改变社会，未料，革命却持续执迷于意志，如毛泽东，典型的唯意志论者，置规律于不顾，以意志取而代之，这不正恰好说明了所谓理性算出的客观规律并不存在？理想国度只存于人的头脑中？革命勉力为之的新秩序、新社会、新道德，面目并非清晰，以想象中的美好事物规定并改造现实中的丑陋事物，不仅承担巨大风险，且因极度不确定而不可能，这注定是一场拿他人生命当游戏的政治赌博，过去的惨痛经验已充分证实。

> 我却易于产生一种疑虑，认为我们这个世界还太年轻，难于确立许多放之四海而皆准、传之万代仍适用的

---

1 [俄]尼古拉·别尔嘉耶夫：《论人的奴役与自由》，张百春译，北京：中国城市出版社，2002年版，第226页。

> 政治真理。我们至今仅有不足三千年的经验，因此在这门科学中，如同在别门科学中一样，不仅推理的艺术还很不完善，甚至缺乏足够的可供思索的资料。我们还不充分了解人性，不知道它在为善或为恶方面究竟能接受何种程度的教化；也不了解在任何一次大革命之后，人类的教养、风俗或原则会有什么变化。[1]

以上是英伦经验论者休谟的善意忠告。人之有限性和局限性恰是生活意义之所在，亦是社会组建的必要前提。人既非动物（动物囿于感官世界，被动接受现实性的限制，尚未形成“可能”事物的观念），又非神（神没有可能性与现实性的区别，亦不受现实性的规约，所构想一切均属现实），人介于二者之间，既受制于现实，又具备自我履行、自我塑造的充分可能。革命试图改造现实，以神的现实性规划人的可能性，以可能性对抗现实性，或将可能性转变为现实性，然而，革命混淆了可能性与现实性——可能性不一定转化为现实性，事物之所以具备可能性，是因为被推翻、被否决的可能性，而非存在的可能性，更非历史的必然性。

革命政权对个体事务的代庖全揽，不仅低效，且成本高昂（因为要替别人选择，就得收集大量信息，导致官僚机构庞大臃肿，反

1 ［英］休谟：《谈公民自由》，《休谟政治论文选》，张若横译，北京：商务印书馆，2010 年版，第 52 页。

而带来信息滞后，另外，由于国家垄断所有媒体，媒体作用被简化为喉舌，而非提供资讯，结果带来信息扭曲，二者叠加，造成决策失误，典型如大跃进）。增进个体福祉或珍视个体前途，没有任何力量（无论国家、政党，抑或集团、组织）比个人更有动机、更其勤奋、更加卖力。革命让人民放弃自我履行，暗含之意是让人民放弃自我价值的实现，结果便是放弃个体为自己的生活、前途、命运以及幸福的责任能力，既然取消了责任，也就取消了道德。

个体的选择是道德的基础，有选择，必有担当，承负相应责任的同时接受相应后果。如果我所做的一切是被权力机构所强加的（或被历史的必然规律所命定的），那我有何责任可言？[1]革命对命运的规划，是对人之行为能力最彻底、最极端的否定，否定人之行为能力的同时亦否定人之行为权利，当承认有客观的历史规律时，相当于说个体只是历史规律的牵线木偶。“人民当家做主”很可能是一个“语义骗局”，是革命政权印制的一张虽可上市流通却无法找零的巨额钞票，果真愿意让人民当家做主，前提是将选择权交付给每一位个体，学会自我当家，自我做主，换言之，自我管理，自我履行——因为，若不成为自己的主人，就只能是权力者的奴隶。

自由不仅仅是“做什么”的自由，亦是“不做什么”的自

1 参见拉尔修《名哲言行录》10.134。

由。出于自由选择而非被选择的行为，才有道德意义上的是非对错之分，没有选择的生活，不可能是道德的生活，正因人的意志和行动是自由的，才有道德责任可言。而所谓的道德意识，其实就是对本人所作所为的判断与负责意识。当革命为别人规划命运时，无疑是在暗示：你无须为自己的生活和行为负责。服从命运的规划，另一层意思是应当服从权威，可是，服从权威，便是服从惰性，只要有消极服从的地方，便不存在道德与良知。

任何规划皆属单一价值观的实践，对人性的规划尤甚，革命对人性的规划，本意是打造具有强烈道德感的新人，可结果呢，反而远离道德，致使道德意识大面积滑坡，带来社会的全面倒退。今之普遍的道德缺失，其病根恐怕还得从这个源头上找。

革命所允诺的自由，非但是“取消别人自由的自由”，还是被指定的选择自由，但无论怎样自由选择，都是被选择条件下的选择，其实是没有选择；之所以没有选择，是因为别无选择。假设社会只提供唯一选择，即使这个社会宣称是自由社会，它无论如何也是让人不舒服的社会。个体在选择中成就自我，没有什么抽象的幸福观，幸福是做对自己而言最好的事，它由点点滴滴的愿望之实现所实现。苏格拉底是幸福者，因为“生活得最好的人是那些最好地努力研究如何能生活得最好的人；最幸福的人是那些最意识到自己是在越过越好的人”，[1] 幸福者不仅使自己幸福，亦使他人和城邦幸福。[2] 自己都不幸福的人，很难想象会让周围人幸福得起来。

若说由国家出面的规划是整体、连续、统合、单一的命运规划，个体处于被高度管理状态；自我履行则是兼容、多样的个性化实践，本人成为生活的指导者与行动者，以属己的方式追求想望的生活，按自我意愿，自我关怀、自我主张，进而自我设计、自我履行，达至自我创造、自我实现，创造一种与本人性格匹配的合宜生活，故而，认识自我可能比认识抽象的阶级更值一顾。

“世界由面孔组成”（拉罗什福科）。列维纳斯《总体与无限》一书最著名的概念是“面孔”（levisage）。何为面孔？“个体性”（personal）一词出自古希腊语“脸”，面孔是个体性的传达，代表着尊严，要求别人的承认和尊重，“每位具有人之面孔的人，无论在什么地方都要承认和尊重人的形态……对人来说，人的形态必定是神圣的”。[3] 日常遭遇的每张面孔都是陌生的，之间虽然不同，差异的背后却有着高度的“家族相似”——相似性提示人之尊严，差异性则传达个性的独特信息。

人之能力的有限，不可轻言改变世界，虽受现实支配，

1 色诺芬《回忆苏格拉底》IV.8:6。
2 色诺芬《回忆苏格拉底》IV.1:2。
3 [德] 费希特：《自然法权的基础》，谢地坤、程志民译，北京：商务印书馆，2004 年版，第 88 页。

但可以创造生活。对生活的理解与见解是个体的性格使然，若取消了自我选择权与决断权，也就取消了生活的自主权，剥夺了生活自主权，也就摧残了生活的希望，无异于将人变成乞丐，毁其尊严，这，难道不是对道德的严重亵渎与侮辱，亦是对人性的最严重藐视与践踏？！

选择属己的生活所以重要，因其可免于道德的一律与权力的干涉，划出并守护一隅国家政治机器无法穿透的私密领地。选择是生活的证明，亦是自由的证明。自由，体现为选择的自由，更是拒绝的自由，或选择或拒绝，取决于具体处境，端赖此时的意愿与需求。所谓选择，总是选择所有选择项中的最佳方案；不单是行动前的选择，也是行为中的选择，始终是某种形势中的选择，在反馈机制中及时获取信息，再将信息应用于选择。每人选择不同，结果殊难逆料，在摸索中前行，不断试错，凭借努力、勤奋、智慧、运气成就自我，实现自身价值。人性固然贪婪，但有一定的规则以及自发的恐惧前来遏止，规则与恐惧对贪婪的平衡，恰如义务履行对权利索取的平衡。

对他人命运的规划，其实是权力欲的体现，而全能政府之所以全能，仅因全权（Totalitarianism，指动用一切必要手段，全方位管控生活）。原子式个体的性情、欲望、利益多样化，甚至相互冲突、抵触，不可完美协调，若为了强行追求“和谐”与“秩序”，只能是权力的介入，对人随时动粗。除了运用权力抹杀个体差异，命运的规划还伴随相当的强制性，为他人勾勒生命的轨迹，协助、扶持某些人生目标，压抑、阻止另一些人生目标，罔顾人性的需要与喜好，譬如，革命政府决定哪些生活事务重要，哪些不重要，哪些首先实现，哪些其次实现，哪些又不许实现，并对人群分类处理，分配不同待遇，哪些群体的欲望应该满足（机会开放），哪些群体的欲望不应满足（机会屏蔽）。

革命改造世界，将社会（包括人民）打造成所想象、所期待、所渴望的理想样子。什么样子？人类社会从未实现过的可能样子，使世界顺从欲望；“自我履行”则相反，欲望顺从坚硬的现实，变通、妥协、让步，学会与自己和好，最终与现实达成和解。古希腊诗哲嗜写悲剧（戏剧史有四位悲剧大家，古希腊占三席）。何谓悲剧？悲剧并非痛陈生活由一系列不幸构成，而是感喟理想社会和完美人性不曾存在，也不会发生，世人不得不接受如此无奈的破碎现实。这一世界虽不理想，但绝非糟糕得一塌糊涂，即便有限的人生是一出委委屈屈的悲剧，那也得紧紧拽住生活的衣摆，努力在恶（悲剧性的现实）中寻善（依存性的力量），为之动容、为之触悟、为之感怀、为之珍念，否则日子真的很难过下去了。“生活中充满了邪恶，所有事情都是不公正的，于是有一天，有这样一个诗人，他认识到了这个世界存在无可救药的邪恶，但他们仍旧能用他诗人的力量去发现生活中真实的美，第一部悲剧就诞生了。”[1]

卢梭浪漫地以为人民有能力建立理想共和国，康德则要理智许多。理想是对现实的抽象，然而，抽象之后，无法还原为现实，无法对付眼花缭乱的复杂生活与真实人生。革命强行将现实塞入理论体系，以为只要运用正确演算方式就一定能推出正确答案（如扎米亚京《我们》所写：“送去用数学方法计算出来的精确无误的幸福”），可是，人生不是数学，生活亦非几何，难道可套入公理？曾经努力营造完美共和国的柏拉图，在《国家篇》九卷结尾处坦承：以理论建构合意的理想城邦，或许在天上有原型，但“在地球上是找不到的”[2]；并在晚年清醒认识到：“真正的困难是使政治体制在实践中反映出理论的毫无瑕疵的完善性。”[3]

康德尝言：“人性这根曲木，决然造不出任何笔直的东西。”柏林多次引用此句，借以感慨：“在人类事务中是不可能有完美的解决方案的，不仅在实践上如此，原则上也不可能；任何人决意去谋取解决的话，只可能招致苦难、幻灭和失败。”[4] 的确，因为人的弱点与欠缺（以基督教的眼光，乃人之罪

1 [美]依迪斯·汉密尔顿：《希腊精神：西方文明的源泉》，葛海滨译，辽宁教育出版社，2003年版，第165页。

2 柏拉图《国家篇》592B。

3 柏拉图《法律篇》636A。

4 [英]以赛亚·柏林：《扭曲的人性之材》，岳秀坤译，南京：译林出版社，2009年版，第50页。

性)，建设完美世界没有这种可能——瞎子岂能带领瞎子进入光明之境?

古希腊政制的设计慎思熟虑，却没有预设的理论基础[1](哲人探讨问题时甚至不用术语)，与之相较，现代革命政权却是理论先行，满嘴的主义和行话。希腊七贤之一的密松时常告诫世人:“不要从理论出发来探寻事实，而要从事实出发来探寻理论;因为不是为了理论而完成事实，相反，是为了事实而完成理论。”[2]理性的制度安排、冷静的人性规划，从理论角度看，固然诱人，可是，美好愿望不一定导向幸福结局。规划他人命运，为权力的干涉提供土壤，亦为暴力的介入提供肥料，个人意志屈服于革命的政治义务，个体事务臣服于国家的宏伟意图，剩下的仅是“你应该……”或“你必须……”，从而抛弃了“任何人性的考虑”，具体而微的日常化生存仅是渐次膨胀的革命话语之投影、折射，甚至扭曲。追求至善社会，规划美好人生，无论立意如何深远，动机多么纯良，目的怎样高尚，后果一般出乎意料，很可能以悲剧草草收场——为了虚缈之物而舍弃个体的真实欲求，以合乎对方利益为由，强迫对方做某些事，雪中送炭也可能变成另一种雪上加霜。

1 陈康:《希腊哲学对于现代自然科学及民主思想之影响》,《陈康:论希腊哲学》，汪子嵩、王太庆编，北京:商务印书馆，2011年版，第523—524页。

2 拉尔修《名哲言行录》1.108。

知识型决定历史话语（甚至左右历史进程），社会规律是人之发明，以何种眼光看待世界，便可提炼何种规律；同样，社会制度也是人为安排，有何种制度，便有怎样的生存模样。将新观念置入社会，尤其可能对正常生活造成巨大影响的政治理论，须经过反复的过滤、异议、检验和矫正。政体的设计，实为生活方式的安排，决定亿万百姓生活质量的政治体制，应谨慎再三。哈维尔曾说：就最低限度而言，政治不应与生活为敌。

人亦非善，亦非恶，而是不完美，不完善，但革命所期待的善，是强迫向善；同理，尽善尽美的社会是不存在的，任何社会都不可避免多多少少有些毛病，[1] 而社会的不完善源于人的不完善。若强行打造纯洁，结果只能是全权，全权带来专制，而专制的后面又隐藏着暴力和压迫，以及，特权和腐败。与“不在于认识世界，而是改变世界”这一著名训诫相比，西斯敏司大教堂旁伫立一块墓碑，墓碑主人写下一段临终遗言，别有一番味道：当我年轻时，试图改变世界；年近半百，希望落空，又打算改变我的家庭，直至垂暮之年，才晓得，我应首先改变自己。[2]

---

1 即便亚里士多德《政治学》所认为的优良城邦，亦指出其种种缺陷。

2 笛卡尔曾为自己确立的一项规条与之类似：“只求克服自己，不求克服命运，只求改变自己的欲望，不求改变世界的秩序。”北京大学哲学系外国哲学史教研室编译：《西方哲学原著选读》（上），北京：商务印书馆，1981 年版，第 365 页。

哲人是否应当对人民讲真话

苏格拉底被人民法庭宣判死刑后，有很多次逃跑机会，审判者亦知处死苏格拉底是不义的，故睁只眼闭只眼，有意为其越狱留下缝隙。那么，苏格拉底为何不愿亡走他乡？在国外继续搞哲学，再带出一帮弟子，将本家学说发扬光大，岂不更好？

苏格拉底冷静接受死亡，据说出于对法律的敬重，即便审判结果不公，毕竟是雅典的法律，而法律一旦制定，人人必须遵守执行，苏格拉底亦不例外，若越狱成功，法官们一定沾沾自喜，认为案子断得公正，否则怎会畏罪潜逃；况且，在苏格拉底看来，本人虽然沦为不公正待遇的牺牲品，但"并非法律不公正，而是人不公正"，流亡海外，申请政治避难，命是保住了，却背上不守法乃至叛国的恶名，成为雅典的"笑柄"，亦令外邦人"侧目而视"；还有，若溜之大吉，定会连累朋友，使这些好哥们"遭到放逐、丧失家园财产的危险"；即便仓皇遁走，跑到了治理很好的国家，身为违法之徒的苏格拉底，怎好意思厚着脸皮逢人便讲"美德、正义、风气、法律应当高于一切，为人伦之本”等等大道理，倘或狼狈逃窜，跑到了治理混乱的国家，不仅让他人看笑话，还得处处低三下四，苟且偷生，奴隶般的日子过着难受；[1]再则，苏格拉底此时年届七旬，已属高寿，实在没啥可遗憾的了，而且搞了一辈子的自我申辩，早就疲倦而厌倦了。[2]

事情真的如此？难道没有其他的“别有用心”？当苏格拉底在法庭自我申辩时，时不时揶揄人民法官两句，以致陪审团第二轮投票表决，主张科以死刑的人数比前一轮的还多出 80 票，这不是活得不耐烦了又是什么？

高贵的谎言

（1）

卡利克勒曾警告苏格拉底，不要在哲学上走得太远，否则会被弄进监狱处死。[3]谶语果然兑现。苏格拉底之死，不仅是哲人与群众的冲突结果，亦是哲学与政治的冲突后果。哲学老是追问“何为好人？”“何为好的生活？”“何为好的政治秩序？”等等，喜欢打破砂锅璺到底，持续纠缠“为什

1　柏拉图《克里同》50A–54D。

2　色诺芬《回忆苏格拉底》IV.8:1、7–8；《苏格拉底在法官前的申辩》2–9。

3　柏拉图《高尔吉亚篇》486A–C。

么？”每一个问号不仅是对群众意见的冒犯，更是对政治秩序的挑衅。不懈而无情的提问、辩驳、反诘、质疑、论难是哲学的品质，否则就不称其为哲学：颠覆常识，否定既有观点，拒绝政治共同体的强硬意见，不与政治现实妥协，思考不受任何道德、习俗、法律、宗教的束缚，甚至蔑视权威，不会在权力面前停下质疑的脚步。既然哲学是异端，自由思想，独立判断，时常标新立异，口吐耸人听闻的哲学主张，相应的，桀骜不驯的哲人则是政治异见者，与现有社会秩序格格不入，将其归为牛虻、疯子，或蛊惑者、反动派，或危险分子、不轨之徒，一点都不为过。柏拉图对此坦承：探究真善美、努力向上攀升的哲人，有如神灵附体，处于迷狂状态，漠视常人所重视的东西，故不免被群众视为疯子。[1]苏格拉底的所作所为不就是这位迷狂者的形象代言人？

而在群众眼里，哲人的行为古怪，[2]虽是沉思者，是高贵的人，却是“二流子”，无所事事，十足“面孔苍白、光着脚丫儿的无赖汉”。[3]哲学家不务正业、游手好闲、行为怪诞，公元2世纪的讽刺作家琉善挖苦道：世上出现了这样一种人，“他们懒散、好辩、自负、易怒、贪吃、愚蠢、狂妄自大、目空一切，用荷马的话来说：‘地上的无益负担。’他们

1 柏拉图《斐德若》249D。

2 柏拉图《泰阿泰德》149B。

3 阿里斯托芬《云》93–104行。

分成若干学派，想出各种迷人的字眼，有的自称斯多亚派，有的自称学园派，有的自称伊壁鸠鲁派，有的自称逍遥派，此外，还有些更可笑的派别”，这些哲学家与廉价的戏子无异，却身披美德的马甲，“竖起眉毛，皱着额头，把胡子留长，东游西逛，用虚伪的外衣掩盖着可憎的恶习……”。[1]哲人被群众嘲弄、讥讽、揶揄、奚落，以致耻笑、鄙夷、厌恶、诋毁，实属自然，甚至与人论辩过程中，哲人因逞强好辩，常以完美无瑕的逻辑和铿锵有力的言辞惹毛对方，被拳脚相向、扯脱头发简直家常便饭。[2]

其实，这实在是天大的冤枉。哲人上下求索，刨根问底，并屡吐不敬之辞，触怒人民群众并冒犯人民群众所敬重的习俗、法律、神明，这是事实（启蒙哲人的典型形象，真的是启蒙家？）。但哲人压根就没打算革命、推翻政权，最多以言传身教，影响身边的几位青年学子。专心探寻智慧的一介书生，能有啥不可告人的政治野心？事实上，苏格拉底是忠于城邦的，尊重雅典的律例习俗。同普通公民一样，哲人有义务服从城邦礼法，所谓虔敬，就是依城邦之规而行。[3]保持制度的稳健与社会的和谐，改善而非颠覆政治伦理秩序，是古典

1 《琉善哲学文集》，王永江译，北京：商务印书馆，1980年版，第20—21页。

2 拉尔修《名哲言行录》2.21。某日，苏格拉底再次被人踢打时，苏氏默默忍受着，旁人甚觉惊讶，苏格拉底却说：“难道他踢了我，我就应当服从驴子的习惯吗？”

3 色诺芬《回忆苏格拉底》I.3:1；IV.3:16。

政治哲学之根本所系，古典哲人深知世间邪恶无法根除，亦知再完美的政制设计无助于解决人生困惑与生存困境，因此“对政治的期望必须适度”。而非像启蒙之后的现代哲人那样，为创建政制的完美，动不动就鼓吹彻底改造人民，改造社会，而无视城邦礼法。

所有问题皆受哲学的审视，只要最好的政治秩序尚未实现，哲学就有存在的必要，苏格拉底的不断追问，恰恰说明了现存政治制度离“善”尚有距离，实际上暗中拒绝了现存政治制度；而立足知性自由的哲学思考，恰恰充满了革命精神，易于突破规范，破坏既定秩序。可哲人并不打算革命，但哲学的品质乃疯狂，是对现存秩序的鲁莽冲撞，这的确是一对矛盾。

哲学以知识取代意见（这种“真纯的知识”可能无法获得，但并不妨碍哲人的质朴思考与艰辛探求[1]），可是，意见却是社会赖以生

1　苏格拉底赞扬卡尔米德的智慧与节制，可卡尔米德反问：“苏格拉底，连你都不能发现它（智慧与节制）的性质，那我又如何能知道我是否拥有它呢？”柏拉图《卡尔米德》176A–B。美诺对苏格拉底提出更为严峻的挑战，相当于对哲人的身份发出严重质疑：“苏格拉底，一件东西你根本不知道是什么，你又怎么去寻求它呢？你凭什么特点把你所不知道的东西提出来加以研究呢？在你正好碰到它的时候，你又怎么知道这是你所不知道的那个东西呢？”苏格拉底却以为这话“只有软弱的人才爱听”，倘若承认这一质疑的正确，无异于“只会使我们懈怠”，哲人“相信自己应该去寻求所不知道的东西，这样才变得更好，变得更勇敢、更勤恳；人不能自以为不可能找到不知道的东西，所以不该去寻求，那样就安于懈怠了。我要尽可能地为求知而奋斗。”柏拉图《美诺篇》80D–81E、86C。

存的基本条件，哲学一旦将其瓦解，便危及社会秩序，后果不堪设想。既不愿放弃哲学思考，又不愿与世俗妥协，哲人就得聪明起来，学会隐藏自己的最真实观点；况且，无限的探索令群众对哲人充满敌意，[1] 而哲人对群众的不屑一顾又是明摆着的，[2] 相互为敌的人际状态不利于社会的安定团结。所以哲人必须尊重流行意见（但不必接受流行意见），假装与世俗安然共处（但不必降志辱身），换言之，由哲人转向俗人，学会在尘世中打滚，同流但不合污，入淤泥而不染，暗地在哲学的云端自由翱翔，追逐精妙思想，思索何为“正当”。

阿里斯托芬喜剧《云》所描画的青年苏格拉底，却十分的不聪明，一味自由思辨而放弃实践智慧，到头来自己辛苦经营的“思想所”被愤怒的群众付之一炬，苏格拉底及其门徒差点葬身火海。青年苏格拉底不知分寸，缺乏审慎，决然抛弃传统习俗。尊重父亲（老人），也就是尊重传统习俗，逆子斐狄庇得斯的殴父行为，不正暗示苏格拉底对祖制礼法的背叛？

这并非空口无凭，苏格拉底被推上法庭受审，罪名之一就是教唆儿子造反，挑战父权。指控者提交的证据：苏格拉底让学生相信，他们比父亲更聪明，按现行法律，只要儿子

---

1 参见柏拉图《国家篇》494E；《苏格拉底的申辩篇》28A；色诺芬《回忆录》I.2:31。

2 参见柏拉图《国家篇》493C、494C；《治邦者》292E；《大希庇亚篇》284E。

能证明老子的脑袋不对劲，就可把老子关起来，因为聪明人拘禁无知者完全合法。[1]阿里斯托芬《云》则是对这一指控的证据补充：乡巴佬斯瑞西阿得斯因娶妻不慎和教子无方，败了家业不说，还欠下一屁股债，为了赖账，他愿意跟随苏格拉底学习哲学（或许泰勒斯将哲学知识用于商业投机发了大财的著名故事，令其怦然心动，而苏格拉底确有赚钱本领，深谙“金融”之道[2]），并软磨硬泡将儿子斐狄庇得斯拖入那座“诡辩巨神的屋子里”。经简短培训，斯氏父子的口才斐然可观——进入普通班的斯瑞西阿得斯，运用诡辩之词将两位债主驳得哑口无言，懵然无知者只能狼狈而逃；进入强化班的斐狄庇得斯，其信口雌黄之术更胜一筹，自认智商已超过老子，便不再把父亲放在眼里。聪明人可以凌驾于无知者之上，前者对后者不必负有道义上的责任，所以，斯瑞西阿得斯欠债不还是应该的，既然斐狄庇得斯比父亲懂得更多，那么儿子殴打老子也是应该的。

不要说儿子打老子了，就是将父亲扭送至法庭，都是对神明的巨大冒犯，罪该万死。[3]可是，自从斐狄庇得斯在苏格拉底学园滚过一遍，就由孝顺之子变成了悖逆之子，由热爱赛马的青年变成热衷诡辩的青年，有能力以歪理为大逆不

1 色诺芬《回忆苏格拉底》I.2:49。

2 分别见拉尔修《名哲言行录》1.26、2.20。

3 柏拉图《欧绪甫洛》4E；另见《法律篇》879C 以下，殴打长者将受严厉惩罚。

道之罪辩解，为自己的恶行提交豁免权。对观斐狄庇得斯的所作所为，苏格拉底的指控者虽是断章取义，曲解原话，但并非全然没有依据的诬陷。[1]

苏格拉底还被状告对劳动人民充满敌意，[2]阿里斯托芬笔下的苏格拉底对此“供认不讳”：一味空中行走、逼视太阳的苏格拉底，的确很鄙视尘世凡人，讥其为“朝生暮死”的愚俗之辈。[3]最要命的是，苏格拉底完全不顾群众信仰，口无遮拦，满嘴胡吣，公然否认宙斯的存在，这相当于说伟大领袖毛主席不是人民救星，显然属于性质极度恶劣的反革命言论，既然伤及群众的情感寄托，迟早得被群众弄死不可。阿里斯托芬的喜剧提前预示了苏格拉底的悲剧。苏格拉底可以教人打赢官司，自己却陷入诉讼而无能为力。[4]血气方刚、天性狷狂的青年苏格拉底虽明抽象奥理，但身处政治现实中的他，却不知道保护自我，也不懂得保护哲学，亦不晓得保护城邦。临死前的他终于明白，自己的不幸遭遇是“咎有应

1 另一细节亦可坐实苏格拉底的罪名，斯瑞西阿得斯从苏格拉底那里回来，斐狄庇得斯觉得父亲疯了，竟然相信那些疯子的话，并打算以神经错乱之名将父亲告上法庭，以此剥夺父亲的财产掌管权。戏的结尾，斯瑞西阿得斯自认“神经错乱了！真是疯了！”“是苏格拉底的胡说八道害得我发狂！”阿里斯托芬《云》843、1475行。

2 色诺芬《回忆苏格拉底》I.2:59。

3 阿里斯托芬《云》221–234行。

4 参见柏拉图《泰阿泰德》172C，哲学家懂得许多道理，在法庭上为自己辩护时却显得荒唐可笑。

得”。既然哲学永走极端，生产颠覆性的知识，那么，既想搞哲学，又不愿哲人受到人民群众的伤害，既要传播哲学，又不愿社会秩序受到哲学的伤害，最好办法对人民撒谎，让哲学远离群众。

为何要让哲学远离群众？又为何要对人民撒谎？如何撒谎才能实现“拒绝人民群众接触哲学”这一意图？

斯瑞西阿得斯父子为摆脱经济困窘而追随苏格拉底，麻烦的是，这对父子可以随意进出苏格拉底学园，这说明，学园的管理制度过于松懈，无论何人，只要愿意，便可在未经准许的情况下贸然闯入。[1] 群众的进进出出，破坏园内融洽的学习气氛倒是小事，问题在于，他们只对技术性、应用性、实践性的知识感兴趣（比如，苏格拉底机巧的“偷窃”行为，坚定了斯瑞西阿得斯从师习艺的决心），对即将陷入官司的人来说，最立竿见影的实效性知识非“雄辩术”莫属，因为，舌头就是神，可使鬼推磨。[2] 在苏格拉底一对一、手把手的悉心训导下，斯瑞西阿得斯父子的笨嘴拙舌被打造为伶牙俐齿，练就了巧言如簧的本事，“把舌头磨成了光亮亮的双锋”：恶意利用哲学，学得歪理，颠覆法律、蔑视正义，为种种恶行开脱，如欠债不还、殴打父亲（这不就是以马列主义为思想指导的革

1 ［德］迈尔：《为什么是政治哲学？》，《隐匿的对话——施米特与施特劳斯》，朱雁冰、汪庆华等译，北京：华夏出版社，2002 年版，第 107 页。

2 阿里斯托芬《云》424 行。

命群众之所作所为？[1]）。学艺而归的斯氏父子，敢以“我们这些学者”自矜，[2]斯瑞西阿得斯俨然一副沉稳、圆滑而老练的雄辩家模样，斐狄庇得斯的一招一式则完全具备智术师的风范。最终，作为父亲的斯瑞西阿得斯受到了报应，挨儿子一通暴揍，作为老师的苏格拉底亦受到了报应，被学生斯瑞西阿得斯反咬一口，学堂被焚，遭人追打，人身安全受到威胁。

阿里斯托芬对苏格拉底的戏谑仿佛预言。苏格拉底的学生克里底亚和阿尔喀比亚德是推动苏氏之死的直接原因，指控苏格拉底的人相信：克里底亚和阿尔喀比亚德是被苏格拉底带坏的，二人为城邦带来莫大灾难，“克里底亚是组成寡头政治的成员中最贪婪和最强暴的人，阿尔喀比亚德则是民主政治中最放纵、最傲慢、最强横的人”。野心勃勃、热衷名望的克里底亚和阿尔喀比亚德，为学习哲学曾一度追随过苏格拉底，但动机不纯，不是为了获取智慧，而只打算习得一些实用知识，如修辞术和演讲术，好做个“精于言谈”的雄辩家，欲为以后的政治行动铺路。与苏格拉底的交游过程中，克里底亚和阿尔喀比亚德虽有获益，但并未得到真传，因为他们并不以苏格拉底为榜样，二人宁愿去死也不愿过导

1　抛弃旧制、制定新法是殴父的理由，“家风”则是殴父者的另一辩解。亚里士多德《尼各马科伦理学》1149b5–10。

2　阿里斯托芬《云》1233 行。

师那样清贫、节制而高贵的哲学生活。尤其克里底亚，因苏格拉底谴责过自己而倍感恼火，便怀恨在心，当克里底亚羽翼丰满，跻身三十僭主之一时，为泄私愤竟忘恩负义，粗暴对待曾经的老师（不惜“迎合人民对哲人的偏见”，颁布法令禁止传授讲演术，阻止苏格拉底接近青年人），给予足够的侮辱、诽谤，甚至加害。[1] 如此说来，文学中的斯瑞西阿得斯父子，不就是现实中的克里底亚和阿尔喀比亚德的原型？

随便招收门徒，放人进入学园，的确不够谨饬，因为并非人人适合研修哲学。在苏格拉底的学生中，既有柏拉图、色诺芬这样的佼佼者，亦有克里底亚、阿尔喀比亚德这样的失败者[2]（一如卢梭的学生中，既有歌德，亦有罗伯斯庇尔[3]）。后来的柏拉图聪明多了，对进入学园的后生审查严紧，有资质的、正派的学子方可准许进入。

不过，拒绝不够格的群众进入学园，作为一种预防措施尚可，却远远不够，因为哲学不可避免地会被带出学园，传播开去，而园外的无论何人都可接触到种种稀奇古怪的骇人

1 详见色诺芬《回忆苏格拉底》I.2:12 以下。关于阿尔喀比亚德和克里底亚的事迹，参见色诺芬《希腊志》I.1:5 以下和 II.3:2 以下、II.4:16–17。

2 不知出于何种目的，柏拉图分别撰有《克里底亚篇》和《阿尔喀比亚德篇》。针对克里底亚和阿尔喀比亚德的指责，色诺芬不置可否，甚至不作辩解，但深深以为其咎不在苏格拉底，而是两人本性如此。

3 布鲁姆：《爱的阶梯》，柏拉图《会饮》附录，第 144 页。

学说。[1]问题关键不在紧闭学园大门，严格保密，而缘于哲人如何撒谎——对园外的群众撒谎。即便哲学思想流出园外，好奇的群众如获至宝却不明就里。

专治古典政治哲学的大家施特劳斯看出，古希腊哲人最巧妙的撒谎方式，是发展出一套特殊的写作艺术，在私下言说与公共言说之间故意造成断裂：

> 这种写作方式使他们能够把自己视为真理的底细透露给少数人，而又不危及多数人对社会所依赖的各自意见所承担的绝对义务。这些哲人或科学家将区分作为真实教诲的隐微教诲与有益于社会的显白教诲；显白教诲意味着每个读者均能轻松地理解，而隐微教诲只透露给那些小心谨慎且训练有素的读者——他们要经过长期且专注的学习之后才能领会。[2]

写作艺术的形式多种，而施特劳斯发现的这种特殊的写作艺术，立足于“显白教诲”(显义)与“隐微教导”(晦义)的分野：显义是表面文章，写给群众看的，只要有阅读能力，就能轻松弄懂；晦义则不同了，或出于被迫害的担心，或出

1 参见阿里斯托芬《云》133 行以下。

2 [美]列奥·施特劳斯：《注意一种被遗忘的写作艺术》，《什么是政治哲学》，李世祥等译，北京：华夏出版社，2011 年版，第 215—216 页。

于引发混乱的忧虑，这部分内容隐藏于字里行间，无意透露给群众，唯有细心读者认真揣摩才能真正领会。[1] 哲人“小心翼翼地排列布局和择取他要表达的观点”，显得与习俗意见一致，传达的却是“暗藏或隐微的教诲”[2][伟大先知耶稣讲道时好用比喻，正是对智慧的洞悉，有些事情只能讲给某些人听，因为天国的奥秘不足为外人道（马太福音 13:10–16）]。由此可见，哲人“没有改变哲学的性质，而是改变了哲学的表达方式”，因为哲学的思考无需节制，而需疯狂，但哲学的表述就需要审慎的节制了——“节制是一种控制哲人言辞的德性”。[3] 换言之，狂热的言辞会引发狂热的反应，不免将生活引向灾难，将社会导入毁灭，为克制哲学肆无忌惮的颠覆能量，审慎的言说成了哲人的智慧，亦属一种美德，以此可作哲人是否成熟的判断标志。[4]

1 参见拉尔修《名哲言行录》9.6。赫拉克利特写过一部论文集，主题为论万物、论政制和论神，“他将该书藏在阿尔忒弥斯神庙里，并且故意用晦涩的语言撰写，以便只有那些有能力的人才会前去阅读它，从而免遭大众的轻薄”。

2 科钦：《〈迫害与写作艺术〉中的隐微术》，唐敏译，[美]施特劳斯：《迫害与写作艺术》，刘锋译，北京：华夏出版社，2012 年版，第 197 页。

3 施特劳斯：《什么是政治哲学》，第 23 页。

4 另见施特劳斯：《显白的教诲》，《古典政治理性主义的重生》，郭振华等译，北京：华夏出版社，2011 年版。

（2）

黑格尔《法哲学》有句名言：智慧的猫头鹰在黄昏时分才会起飞。“但凡政治昌盛时期，哲学上不会取得什么成就。哲学达到繁荣，是在城邦衰败之时。没有任何政治制度能够得到既可以让政治强盛、又可以让哲学做得最好的条件。”[1]

哲学与政治之间原则性的张力，其实是真与善之间恒久性的张力，哲学的“真”，不一定带来政治的“善”，适于哲学思考的东西，不一定适于政治现实，这一问题直至苏格拉底临死时才弄明白。苏格拉底是高尚者，有做人的原则和底线，不会为了苟全性命而屈服群众的错误意见，所以选择喝下那杯鸩酒。尤为关键，苏格拉底之所以不愿流亡海外，宁可国内受死，其真实目的，正是为了保护哲学。即便苏格拉底跑到国外，以他的性情和作风，任何一地的人民都无法笑纳，结果还是被撵来撵去，搞得狼狈不堪。[2] 苏格拉底搞了一辈子哲学，却一辈子都在自我申辩，为自己申辩，也就是为哲学申辩。[3] 哲学必须认真面对政治共同体的强大意见，才能自证清白与正当，倘若不能消除哲人招惹来的敌意，哲

1 [美] 古热维奇：《哲学与政治——施特劳斯〈论僭政〉述评》，贺志刚译，科耶夫等：《驯服欲望》，第 80 页。

2 柏拉图《苏格拉底的申辩篇》37D–E。

3 色诺芬《苏格拉底在法官前的申辩》4；《回忆苏格拉底》IV.8:4。

学就无法生存。[1]

假设苏格拉底决计逃亡，目的地一定是宪政国家克里特（柏拉图最后一部著述《法律篇》虚构人物之一雅典来客，将新的祝福引入克里特，柏拉图虽未点明主角是苏格拉底，明眼人一看就知道是谁），苏格拉底没有选择逃亡，而是继续待在雅典，“宁愿牺牲自己的生命以便在雅典保留哲学，也不愿保留自己的生命从而把哲学引入克里特”，其真实意图，正是保卫哲学。[2]看来，意识到哲学艰难处境的苏格拉底，很可能是自愿送死，[3]“苏格拉底的选择是最高等级的政治选择”，以自己的死亡委婉传达历练七十载才修得的人生智慧：哲学的表述切忌疯狂，以免太过极端而遭遇政治的打压，对哲学的保护，其实也是对政治的保护，以免哲学走火入魔而动摇社会共同体的生活基础，破坏现存政治秩序。

苏格拉底被群众告上法庭，审判哲人成了一桩政治事件，苏格拉底的申辩亦成了一件政治行为。搞哲学就是搞政治，哲学基本上是政治的，这点上，古典哲人与现代哲人的看法并无不同，譬如，马克思主义大家阿尔都塞以为：“从

1 哲人若不自我辩解，不缓解来自政治的压力，哲学生活就难以为继，“所以说，在犹太教和伊斯兰教里面，哲学就没能生存下来”。古热维奇：《哲学与政治》，科耶夫等：《驯服欲望》，第 81 页。

2 斯特劳斯：《什么是政治哲学》，第 24 页。

3 参见柏拉图《苏格拉底的申辩篇》40B–C。

柏拉图以来，所有历史上伟大的哲学家都是谈论政治的。”[1]

科耶夫与施特劳斯皆认为哲学是政治的，虽然各自给出的理由不同。哲学何以是政治的？其一，自然哲学家阿那克萨戈拉当众宣称太阳是一块发热的石头，相当于暗中否认太阳是一位光明之神，因此被判死刑，伯里克利及时出手相援，阿氏交了一笔罚金方免一死，被逐出雅典。研究自然不涉政治，阿那克萨戈拉亦不参与政治，但其所作所为冒犯了政治共同体的情感依托，仍可上升为严重政治事件。[2]其二，哲学首先是一种生活方式，哲人过沉思的生活，在群众眼中显然属于另类，为避免群众误解，哲人必须自我辩护，以消除敌意，为哲学辩护，其实是在政治共同体的法庭面前，为哲学生活而辩护，为哲学的正当性而辩护。其三，这是一个意见的世界，意见的分歧使彼此为敌，[3]故这是一个政治的世界。种种价值观的冲突不可避免（即便邪恶价值观，之间也有纷争），何谓善 / 恶、正义 / 不义、应该 / 不应该，是哲人探究的话题，“惟有当哲学探究成为一种生活方式，并因而成了对‘何谓正当？’问题的一种回答时，才在根本上承认政治的辩护，因为此时，作为生活的哲学已然可以感知到友谊和敌意；换言之，既然回答了‘何谓正当？’哲学就不得不区

1　阿尔都塞：《自我批评论文集》，杜章智等译，台北：远流出版公司，1990 年版，48 页。

2　柏拉图《大希庇亚》281C。《苏格拉底的申辩篇》26E。

3　柏拉图《欧悌甫戎》7C–D。

分敌友”。[1]最后，“政治的生机来自意见和信仰；政治的力量来自其信以为真的原则、不容置疑的规范、理所当然的禁忌和广为信靠的体制。与怀疑和悬搁判断不同，政治要求决断、勇敢、行动、参与，以及公民对常常是特殊和片面的公共利益的‘爱’”。[2]换言之，政治的原则是体制、规范、禁忌、秩序，要求共同体成员的认同、拥护与爱戴，而“哲学的‘爱欲’却不以任何居所为家，是彻底的无家可归者”。[3]哲人的品格就是质疑，在孳孳矻矻的哲学探究中，势必问难城邦共同体所珍视之物和所相信之理，其言行不免与城邦习俗律法发生冲突，是对政治的挑衅，是对权威的抵触。[4]哲学既要避免忤逆政治，又要避免政治的威胁，发现不由自主陷入祸在旦夕的不妙处境，所以哲学才“决定转而探究政治，这不仅使得哲学可以在政治共同体的审判台前自辩，而且对后者的政治、道德、宗教的约定法则的考究，也能借此而完善之”。[5]迫于外在环境的压力，改善政治而又不激怒政治，哲学不得不化解群众敌意，协调与政治的关系。要之，哲人必须学习“灵活圆通”这门功课，端正自己与城邦的位置，摆正哲学与政治的坐标。

---

1 迈尔:《为什么是政治哲学？》,《隐匿的对话》，第113页。

2 同上，第114页。

3 迈尔:《为什么是政治哲学？》,《隐匿的对话》，第114—115页。

4 古热维奇:《哲学与政治》，科耶夫等:《驯服欲望》，第33页。

5 迈尔:《为什么是政治哲学？》,《隐匿的对话》，第114页。

疯狂与审慎的结合是哲学的最高形式。[1]为什么这样说？万不可小瞧哲学的不可控能量，书斋中坚忍不拔的苦思冥想者，其学说可以掀起猛烈社会风暴，或诱发革命（如卢梭的公意说），或被恶意利用（如尼采的权力论）。海涅曾经警告，切勿轻视思想的力量："思想试图变为行动，词语想变成有血有肉的现实……这个世界只是词语的外在显现。……你们这些骄傲的行动家只不过是思想家的不自觉的工具而已，那些不动声色的思想家通常已经给你们制定好大部分固定的行动计划。罗伯斯庇尔只不过是卢梭的手，这只沾满鲜血的手从时间的子宫中拽出了卢梭早已设计好的灵魂的躯体……康德著作《纯粹理性批判》……是斩断自然神论头颅的一把利剑"。[2]托克维尔亦认为："在作家身上引为美德的东西，在政治家身上有时却是罪恶，那些常使人写出优美著作的事物，却能导致庞大的革命"。[3]

没有言说审慎的思想疯狂，只会祸患无穷。因而哲人在表达见解时，就要有所收敛，即，思考的疯狂是哲人的美德，言说的审慎更是哲人的美德，不仅保护了哲学，也保护了政治——对哲学和政治的双重保护是哲人的双重美德。苏

1 施特劳斯：《什么是政治哲学》，第 30 页。

2 转引自［英］以赛亚·柏林：《自由及其背叛：人类自由的六个敌人》，赵国新译，南京：译林出版社，2005 年版，第 73—74 页。

3 ［法］托克维尔：《旧制度与大革命》，冯棠译，北京：商务印书馆，1992 年版，第 187 页。

格拉底通过死亡这一行动警示哲人、告诫学子：脱离“神圣的疯狂”，由走火入魔转向神志清醒，若不想冲撞社会秩序，哲学的公共言说必须小心再小心，克制再克制。苏格拉底的死，正是哲学的生，亦是古典政治哲学明白无误的诞生标记，[1] 自此，哲人学会了与群众和谐共处，哲人的言行亦不再疯疯癫癫，由独特的写作艺术，衍生“独特的著述类型”[2]，譬如，柏拉图的写作采用对话体，对各色人等说不同的话，见人说人话，见鬼说鬼话，让不同意见彼此交锋，自己的真实主张则隐藏其间，让聪明的读者去辨别种种观点的高低优劣，以免授人以柄，在一问一答之间不断启迪众人，开示思路，挖掘潜在的哲人[3]；再如，色诺芬的著述全是大白话，好像一点深度也没有，却在显白言辞之中时时夹杂隐晦意思，看似在谈论爱欲(《会饮》)、理财(《家政》)或战争(《长征记》)，很合群众口味，其实谈得都是政治。亚里士多德或许从前辈的著述中读出了名堂，他明确写道：理财之道、用兵之计、

1 迈尔：《为什么是政治哲学？》，《隐匿的对话》，第 108 页。

2 施特劳斯：《迫害与写作艺术》，第 19 页。

3 西塞罗的书写模仿柏拉图对话体，“隐藏自己的观点，使他人免于错误，以及在每次谈话中寻求最可能的答案”（西塞罗《图斯库罗姆》V .11），“对话体适于介绍和检讨相互冲突的意见，它允许作者集中注意被检讨的各种主张的相对优点，同时又可以暗示而不是宣扬作者自己的思想。对话形式允许作者引导讨论，又可以把争辩结论的负担甩给读者”。詹姆斯 ·E· 霍尔顿：《马基雅维利》，斯特劳斯、克罗波西主编：《政治哲学史》，第 144 页。

演讲之术诸如此类的高贵才能，都属于政治学。[1]作为古希腊三杰之一的亚里士多德，自然不会忽视这一书写技艺，他以两种方式作文：一是晦涩的高头讲章，属于秘传，专门写给有心人看的，另为浅白的散文式写作，属于明传，有意写给漫不经心的俗众看的。

这样，就不难理解哲人为何要对人民群众撒谎了。

《斐多篇》中的苏格拉底以为：研究日蚀时不可直视太阳，须通过其他媒介间接观察，否则肉眼会被火辣辣的阳光所灼伤。这莫非暗示，群众最好不要直接接触哲学，以免被哲学灼伤？哲人的写作，不仅拒绝群众意见，且拒绝对人民说真话，不像今日动辄自诩敢讲真话的公知（哪有这么多真话可讲？），在媒体抛头露面，以激烈言辞夹杂着讨巧的漂亮话，吸引人民群众的目光，换取掌声。“对人民的阿谀奉承”，除了政治家，“多见于作家、艺术家、记者等依靠受众过日子的人”，[2]当然，包括这些公知。“靠受众过日子的人”也是“靠追逐舆论吃饭的人”，诚如阿伦特所言：“公众的赞赏也是某种能够使用和消费的东西……公众赞赏被个人虚荣心消费，正如食物被饥饿消费。”[3]

1　亚里士多德《尼各马科伦理学》1094b2。

2　[美]艾伦·布鲁姆：《美国精神的封闭》（第2版），战旭英译，南京：译林出版社，2011年版，第205页。

3　[美]汉娜·阿伦特：《人的境况》，王寅丽译，上海人民出版社，2009年版，第37页。

智慧是不可以随便传授的。为金钱而出卖知识者，可称其为辩士，好比为金钱而出卖美貌者，可称其为妓女。[1]哲学，尤其政治哲学，探究的是高尚与正义，它关乎人之品性，故不可教给品德恶劣者（如斯瑞西阿得斯父子），哲学最好与这类人绝缘，唯有习性获致良好发展或德性得到正确调教的人适于研修哲学，且学习效果昭彰。[2]古代政治哲人不愿对人民说真话（拒绝对不正派者说话），这不是说鄙视人民，而是这些哲人懂得：人民缺乏理智，好冲动，见风是雨，故哲学这剂猛药不宜群众服用，免得引来骚动爆发革命，反给社会带来苦痛和灾难。“谎言中有一种无辜”[3]，这种无辜表明哲人无奈的高明，古典哲人没有将自己的真实意图贸然公诸于众，而是设置一道又一道门槛，以“高贵的谎言”欺骗人民，在写作中偷偷夹带私货、倒卖知识，只传授给特定的少数有心人，既不伤害人民的感情，又避免群众滥用哲学，此举实属殚心竭虑的审慎。

不过，“高贵的谎言”并非真的谎言，它依然是一种真相——以真相撒谎。一份看似浅白的文本，所有读者皆可阅读，但其中传达的真正教诲仅限于正派的、值得信赖的读

---

1 色诺芬《回忆苏格拉底》I.6:13。

2 亚里士多德《尼各马科伦理学》1095b5–10。贤人若与才德之士结交，并将自己所知的智慧传授给他，就“不愧为一个光荣而善良的公民”。色诺芬《回忆苏格拉底》I.6:14。

3 尼采：《善恶之彼岸》，第 180 节。

者，具有哲学潜质的青年学子会从字里行间读出作者的良苦用心，譬如，斯特劳斯认为“苏格拉底的修辞是一种不可或缺的哲学工具，其目的是引导潜在的哲人走向哲学——通过训练他们，以及使他们摆脱阻碍哲学努力的诱惑；它也阻止那些并不适合于哲学的人接近哲学”。[1]施氏甚至大胆认为：“显白陈述针对的是道德层次较低者”[2]（这话岂能明说？施特劳斯的弟子布鲁姆说了，活该招徕众多知识分子的敲打）。现代哲人却对人民大声布道，迫不及待地说出所谓的事实真相（如历史发展的必然规律），也不管人民的资质如何（事实上，资质越差者越易于起哄），而革命者将极具马克思哲学通俗化、大众化、教义化，并简化到浅薄、粗俗、幼稚的程度，不由分说直接塞入工农兵手中哲学不仅被群魔化了，且被意识形态化了，导致狭隘、偏执、狂热、激进、不宽容、不妥协。

古代，群众对哲学充满敌意；现代，群众对哲学抱有敬意。后者对哲学的为害更甚。哲学一旦被意识形态化，其严重后果：僭主反而成了哲学权威，并以哲学的名义清除真正的哲学。[3]既然“僭主的哲学”上升为一种新的国家宗教（或一

1 斯特劳斯：《论僭政》，第 30 页。

2 施特劳斯：《显白的教诲》，《古典政治理性主义的重生》，第 120 页。

3 “最后的僭主本人就是以哲人的形象出现，而且是最高的哲学权威，是唯一真正哲学的最高解释者，是唯一真正的哲学授权的执行人和执行者，因而他声称他并不是在迫害哲学，而只是在清除错误的哲学。”斯特劳斯：《重述色诺芬〈希耶罗〉》，斯特劳斯等：《论僭政》，第 228 页。

让哲学变为群众手里的尖锐武器

种新的公民宗教），变成群众手中的“尖锐武器”，不搞大批判、不继续革命才怪呢，而拳头就是群众的最有效武器！影片《决裂》中的共产主义劳动大学校长，如此教育手下的工农兵子弟：为“巩固无产阶级专政”，必须“同传统的所有制关系和传统观念实行最彻底的决裂”。此番激昂陈词毫无新见，是对马克思“两个彻底决裂论”的复述。决裂的后果是什么？不清楚么！

哲学与政治

（1）

上述问题可转换为“政治理论”和“政治实践”的分疏问题。

被誉为现代科学第一人的培根，站在古典立场审视现代问题，他从俄狄浦斯破解斯芬克斯之谜并将其杀死这一故事中，解读出另一层深意：斯芬克斯从缪斯那里获取艰涩谜语后开始为非作歹，为害社会。谜语若保留在缪斯手中，不会惹出麻烦，反而带来求知的乐趣，若从缪斯转到斯芬克斯手中，即从沉思转向实践，后果就大不妙了。[1]这就提出一个尖锐问题：思想与行动的关系究竟如何？若从沉思转向行动，仓促将理论应用于实践，会带来怎样结局？

亚里士多德将知识分为两类：理论知识与实践知识，前者“以真理为目的”，后者“以行动为目的”。理论人追根溯源，纠察事物的永恒之因；实践者深思熟虑，顾及“关系和此时”。[2]苏格拉底和居鲁士，一位伟大哲学家，一位伟大政

1　[英]培根：《论古人的智慧》，李春长译，北京：华夏出版社，2006年版，第73—75页。

2　亚里士多德《形而上学》993b20–30。

治家，构成色诺芬著述的主角，作者自有用意。作为思想的理论理性，靠的是知性辨析；作为行动的实践理性，靠的是长期经验积累，比如某位天才少年通晓几何数学，可称其为聪颖，却不能说他明达，也就是说，尚不具备实践智慧。[1]

实践智慧是周密的思虑与审慎的选择，是对行动条件及行动后果的反复掂量、斟酌、权衡。既然实践智慧关乎行动，而行动又关乎美德，那么，实践智慧与亚里士多德所言的“中庸之道”具有果因关系，这样，又回到上章开头部分的论说。中庸之道并非理论理性的美德（思想无需节制），却是实践理性的美德（行动却需审慎）。

政治理论（理论理性）是先验的知性自由，属思辨智慧；政治实践（实践理性）是经验的具体行动，属实践智慧。既然理论理性属于思想的绝对自由，不受任何外来因素的干涉，故往往否定流俗意见，冲决思维底线，突破规范，挑战禁忌，因而易于趋向极端；而实践理性受制于现实处境，顺从规范与禁忌，并尊重种种彼此冲突的流行意见，必要时还得做出妥协，以清醒、务实、中庸的态度在种种利益诉求之间谨慎周旋，以灵活的手段应付诡异的现实。[2]

没有实践智慧，伦理德性不可能是完全的。中庸之道这

1　亚里士多德《尼各马科伦理学》1142a11–20。

2　比如，柏拉图心目中的政治家是凭借中肯的意见来正确处理政务和国务。《美诺篇》99C。

一实践智慧的运用，对于个人，是欲求的审慎；对于哲人，是言说的审慎；对于政治家，则是行动的审慎。[1]政治家的首要智慧是“统治社会的智慧”，除了正义，便是中庸之道的运用。[2]智慧离不开节制，政治家尤须克己慎行（亚里士多德直言“明哲端谨”是唯一专属政治家的品德），[3]不像哲学家那样可以无所顾忌的异想天开，聚焦大全、永恒、普遍，政治家必须脚踩大地，受客观环境制约而瞻前思后、左顾右盼，不仅关注现实、关心俗务，顾及居民的需求，还得努力创造种种有助于实现幸福的条件。既然政治智慧属实践智慧，自然，政治家的智慧是“遵循正义和节制原则”的智慧，[4]其实践以德性为本，不能为了实然而放弃应然，行动的智慧包括目的及手段的正确：没有目的的正确，是一位没有品格的政治家，没有手段的正确，只能是一位邪恶的政治家。

主政者处理政务时须“很有智慧”且“行事加倍用心”，

---

1 政治家需“慎思明辨”，亚里士多德以为伯里克利就是这样一位明智的政治家，“能够明察何事对自己和他人是善的。像这样的人才是善于治理家庭、治理城邦的人”（《尼各马科伦理学》1140b5–10）。苏格拉底认为伯里克利的睿智令其成为雅典最优秀的管理者（色诺芬《会饮》VIII:39）。现代政治家当中，斯特劳斯以为丘吉尔较有实践智慧。

2 柏拉图《会饮篇》209A。

3 亚里士多德《政治学》1277a14、1277b25；参见《尼各马科伦理学》1141b24–32。

4 柏拉图《普罗泰戈拉》323A。

这是希腊人"唯一值得称道的"优秀品格。[1] 富有智慧性的政治实践之所以具有很强的"市侩"习气，乃因与稍微贫乏、缺乏弹性、有点武断、并有明确结论的灰色理论不同，实践往往复杂、偶然而混乱，一旦跨出第一步，就不可逆转，不足回旋，无法从头再来，且任何一次不经意的小事件、小插曲都可能出其不意地改变实践方向，酿成灾祸，故政治家的行动不能离谱。不仅考察"个别处境的正确应对"，尚需虑及政治行动可能带来的不良后果，以深邃的政治洞察力，作出健全的政治判断力，特别是面临紧急时刻如何妥善处理危机、收拾残局，尤显政治家的善治能力。

中道原则应用于哲学，必使"哲学'爱欲'的羽翅尚未煽动就被剪掉"，相反，"中庸之适度是政治生活的准则"。[2] 哲学属于默然沉思，形而上的，强调思辨智慧；政治关注现实，立足世事，形而下的，强调实践智慧，二者的品质完全不同（极端言之，在对待人民的态度上，哲学鄙视人民，政治尊重人民，哲人不屑于与群众为伍，与人民拉开适当距离，甚至与人民群众为敌，政治则努力迎合人民群众的声音，因为政客需要群众的支持，需要人民手中的选票）。超政治、超宗教、超道德是哲学的天性，譬如，哲学之所以是超道德的，"对哲学家而言，思考与探究，而非道德才有价值"（斯特劳斯），道德仅是哲学家对善之思考的附

1　柏拉图《阿尔喀比亚德前篇》123B。

2　迈尔：《为什么是政治哲学？》，《隐匿的对话》，第 115 页。

带部分。哲人不畏艰难展开一场又一场伟大思想实验，其癫狂的爱欲引向牛虻式的“走火入魔”。较之哲学不受束缚的绝对思辨自由，政治则是人世的、入世的，尊重常识，[1] 尊重礼法，甚至尊重种种流行意见，周旋于各色利益集团，与具体而微的现实处境相关，带有强烈实效性与功利性。政治的具体行动受制于错综复杂的现实，尤其时不我待的极端情况下，不像哲人那样可以从容不迫，政治决策者必须即刻做出果断判析与审慎抉择，这势必仰赖高度实践智慧。

亚里士多德认为：荣誉是政治生活的目的。[2] 青年才俊阿尔喀比亚德热衷从政所带来的荣誉，苏格拉底劝其首先认识自己，否则荣誉也将受损。[3]“统治者通过政治追求荣誉，被统治者则通过政治获得实利”。现实的变幻不测和扑朔迷离，提醒政治家在给出的复杂环境规定性中，学会如何把握行动分寸，掂量政治果效，亦告诫政治家对政治热情需加节制，不可轻率将某种思想实验套入政治现实，急忙运用于实际行动。“哲学观念和政治现实之间的理论空场让给各种各样的

1　沃林格写道：“英格兰和苏格拉的常识概念，作为一种人的态度，融入了哲学家面对人生的态度但又无需哲学家的技术装备，反过来，古典哲学和廊下派哲学也可以理解为，对常识态度的专门的、分析性的阐述”，“没有根植于完好无损的常识传统的政治建制，乃是纳粹德国政治结构的一个根本缺陷。”沃林格：《自传性反思》，第 29 页。

2　亚里士多德《政治学》1095b23。

3　柏拉图《阿尔喀比亚德前篇》124B。

知识分子”,[1] 倘若知识分子的理论热情和政治言说不加节制,是否同样将社会引向灾难?

托克维尔写道:法兰西民族是“最有文学天赋、最钟爱聪明才智的民族”,大革命前夕,文人却变成了“首要政治家”,且是“独一无二的政治家”,肩负起沉甸甸的政治重担。文人们以笔代剑,活跃于公共平台,虽疏于实践智慧,缺乏实际治理经验,却乐于卷入政治事务,对时事评头论足,试图以简单理论改造复杂现实,以理性法则取代传统习俗,以普遍观念整顿具体问题,这种抽象的文学政治“程度不等地散布在那个时代的所有著作中,从大部头的论著到诗歌,没有哪一个不包含一点这种因素”。

托克维尔认为,在英国,“一些人将新思想引进实践,另一些人借助事实来纠正和限定理论”,法国则不然。法国文人对抽象理论的酷爱,对一劳永逸改革方案的痴迷,不节制的政治热情,蔑视古典智慧而迷信个人理性,甚至崇尚暴力,对革命的危险无暇多思,致使这些文人“敢于更大创新,更热爱那些普遍思想体系……”。法国文人的政治激情经久不衰,但对政治知识多属粗浅涉猎,脱离实际政治生活而盲目崇拜与现实脱节的理论,“每种公众激情都乔装成哲学;政治生活被强烈地推入文学之中,作家控制了舆论的领导”,作家于是成了“一种政治力量,而且最终成为首要

1　科耶夫,《论僭政》,第 192 页。

力量”：

> 作家们不仅向进行这场革命的人民提供了思想，还把自己的情绪气质赋予人民。全体国民接受了他们的长期教育，没有任何别的启蒙老师，对实践茫然无知，因此，在阅读时，就染上了作家们的本能、性情、好恶乃至癖性，以致当国民终于行动起来时，全部文学习惯都被搬到政治中去。

民众被“作家的思想所煽动”，言听计从，被一些政治口号搞得五迷三道，抽象的政治理论“竟也成了有闲者日常聊天的话题”，政治“也从作家所讲的语言中吸取某些成分；政治语言中充满了一般性的词组、抽象的术语、浮夸之词以及文学句式。这种文风为政治热潮所利用，渗入所有阶级，而且不费吹灰之力，便深入到最下层阶级”，在狂热的文学政治造势下，“连妇女与农民的想象力都被激发起来……抛弃了现实社会，沉湎于虚构社会……终于在精神上生活在作家建造起来的那个理想国里了”。[1]

法国大革命是将政治理论导入政治实践、将思想转化为行动的典范，其讹谬结局有目共睹。彼时的柏克一再提醒“思辨政治”的邪恶，托克维尔亦指出“文学政治”的弊端，

1　托克维尔：《旧制度与大革命》，第 179–188 页。

而后人迅速遗忘这些恳切的声音。20 世纪更大规模的共产主义运动，对错误理论（但表面诱人）的错误运用，正是法国革命这场哲学革命的拙劣翻版。毛泽东以理论（“矛盾论”）透视现实（“实践论”），带出“不断阶级斗争论”，不就是思辨政治结出的恶果？萨特曾一度支持中国式社会主义运动，高赞文化大革命，这种刻意与众不同，这种政治浪漫想象，不就是文学政治的热情表现？

通过高压的政治手段所能实现的社会目标，其实相当有限，且政治理论与政治实践时常处于一种“真”与“善”的失衡状态。如何看待二者关系，是马克思与苏格拉底的大不同，两人皆为辩证法的娴熟运用者，但两种辩证法不是一回事。苏格拉底的辩证法是一种交谈的艺术，[1] 以循循善诱的辩难方式，将意见逼入穷途，然后将问题展开，在观点的相互摩擦中射出“思想的精液”，但不提供答案，明确对结论说“不”，而是引导讨论，刺激对方，迫其寻求有根有据的属己见解；马克思却贸然给出不容商榷的结论，明确对世界说“不”，并为末人制定一个如何运用斗争通往美好生活和正义社会的解决方案。

苏格拉底被指控其言论煽动小青年不满于“现有的政府

1　“一个人为他人的思想寻找一个助产医士，另一个寻找他对之能够进行帮助他的人，这样，就产生出一次很好的谈话。”尼采：《善恶之彼岸》，第 136 节。

形式”，诱导一帮不知分寸、不懂审慎的血气方盛者藐视法律，“趋于采取暴力行动”。这纯属栽赃和污蔑！苏格拉底的辩证法是一种交谈的艺术，亦是一种高贵的修辞艺术，运用理智、采取善意的说服，实现对年轻人的正确引导，而这样的青年能够明辨何事于己于人于城邦真正有利，是“决不会凭暴力行事的”。富有智慧、富有教养地运用说服的技艺，怎可能粗鄙到鼓吹暴动，诉诸蛮力？[1] 挑拨青年人对政府不满，宣扬暴力，怎么更像是马克思的做法。仇恨常常伴随暴力的野蛮，苏格拉底宣扬过人际仇恨或阶级仇恨么？凡使用暴力者，一定少不了党羽，需要建立帮会式组织，甚至国际化党派，苏格拉底的全部生活无非喜欢与三两友人闲聊，哪里散布过什么反政府言论，建立过什么反动性联盟？苏格拉底与马克思都对现存政治秩序深感不满，都对青年人抱有期待，巧的是，二人皆有“助产士”的比喻，苏格拉底所言的助产士是对智慧的诱导，马克思则将暴力视为新社会诞生的助产士，古典哲人与现代哲人的差距就此一目了然。

（2）

古典政治哲人的品性是温厚、节制、内敛、不露锋芒；

1　色诺芬《回忆苏格拉底》I.2:9–11。苏格拉底不但没有败坏青年，相反，在他的引导下，率性而为的年轻人变得审慎，有犯罪倾向的人中止了恶行。《回忆苏格拉底》I.2 : 26、64。

现代政治哲人的特点是武断、刚愎、狂妄、自以为是（这亦是革命导师的惯有性格，因之成了“不负责任的冒险家”），怎么看社会都不顺眼、不耐烦，好像整个世界故意与他过不去。现代哲学与古典哲学差距，以及此后引发的系列革命，其实说明现代哲学遇到了危机。以福柯的理解：“何为现代哲学，也许，可以答曰：现代哲学，这正是试图对两个世纪以前如此冒失地提出的那个问题（何为启蒙）作出回答的哲学。”[1]以施特劳斯的说法：“现代性的危机原本是现代政治哲学的危机。”[2]这种危机究竟怎么出现的？并以何种方式表现？

政治哲学是对最佳政治秩序（换言之，世间完美性）的探寻与叩问。谁在探问？当然是哲人！普罗大众想的是如何吃好喝好玩好，过上舒坦日子，才不会去关心何为最好政体这一无聊话题。[3]唯有哲人愿闷在家里瞎琢磨“何为最好”，因而，对“最好”的设计，不可避免地烙有不切实际的幻想成分，因为完美没有上限。哲人种种古里古怪的政制构想，虽不乏真知灼见，但时常幼稚可笑，以致荒诞不经（如柏拉图钟爱的公妻制、傅立叶热衷的谢利叶）——莱辛谓：哲人就是狂热者和空想家。较之精心编制的哲学理论，政治现实肯定是丑陋的，

1　福柯：《何为启蒙》，顾嘉琛译，《福柯集》，第528页。

2　施特劳斯：《现代性的三次浪潮》，《苏格拉底问题与现代性》，第33页。

3　亚里士多德将生活分为三类：1.享乐的生活；2.政治的生活；3.静观的生活。显然，第一类是普罗大众的生活方式。《尼各马科伦理学》1095b15–20；参见柏拉图《斐多篇》64D以下。

并充满变数。执着于“真”是哲人的本分，故对现实保持一贯不满是哲人的固有品质，否则就不是哲人，但古典哲人深刻懂得，哲学的“真”不一定导向政治的“善”，对哲学理论来说是好的东西，对政治现实就不见得为好，哲学上是正确的，政治上却可能是荒谬的。既然世间的完美可以存在于头脑，不一定落脚为现实，因而古典哲人没想过要用哲学改造政治，因为“哲学是高贵的游戏，政治是被迫的严肃”[1]，哲学游戏再怎么高贵，毕竟是思想的游戏，不能直接等同严肃的政治现实。

以哲学彻底改造政治，这是启蒙之后的现代哲人才具备的政治疯狂。苏格拉底与马克思分别作为古今哲人的代表，同样思及何为正义社会，但苏格拉底对自己的方案心中没谱，并不确定自己的观点是对的；马克思则深信已找到实现完美国度的一揽子解决方案，并迫不及待在市场上公开叫卖（如刊发通俗政治手册《共产党宣言》），制造意识形态成了现代哲人的天职。孰料，解决问题的方案本身就是大问题。换言之，前者追寻真理，并不以为占有真理（苏格拉底“自知无知”，这绝非哲人的谦逊，而是哲人的审慎[2]），后者却状若神明，以为透

1 [美]罗森：《柏拉图的〈会饮〉》，杨俊杰译，上海：华东师范大学出版社，2011年版，第二版序言，第20页。

2 爱智慧的人≠智慧者，《申辩篇》的苏格拉底坦承，自己至多有一些属人的智慧，绝对不懂得超人的智慧，“只有神才是真正智慧的……人的智慧价值不大，甚至毫无价值”。柏拉图《苏格拉底的申辩篇》20E–23B。

破了历史神秘，自持拥有了绝对真理——共产主义“是历史之谜的解答，而且知道自己就是这种解答”(《1844年经济学哲学手稿》)，并将“答案”简化为政治口号，“不屑于隐瞒自己的观点和意图”(《共产党宣言》)，主动降格自己为政治宣传家，急吼吼地呼召群众将“真理”运用于实践。在政治理想主义诱惑下，现代哲人将一个外在的、人为的政治体系强加于世界，“如果有人建构了一个体系，他势必要伪造实在”，沃格林相信马克思《关于费尔巴哈的提纲》“也许是迄今为止由一位想成为上帝的人所能构造的最好的拜世界教”。

古典哲人探寻问题、提出问题，从事一项又一项没有结题的研究，不仅拿不出答案(或说“保留着有问题的答案”)，还质疑解决问题的种种方案，这正是困顿古典哲人的两难之境：“屈从于解决之道的诱惑，是哲学面临的根本危险，若不承受这一危险，哲学将降格为拿问题玩耍。”[1]现代哲人却未能经受得住诱惑，其解决问题的意识远远多于问题意识，迷恋于找到答案胜过纠缠于问题，这是哲学的败坏。

现实生活中不断涌现的疑难杂症，比实际的解决办法要多得多，若哲人自信解决问题的现成方案足以应付现实生活，哲学就被彻底削平了，哲人也就不再是哲人。哲学没有答案，也不可能有最终解决方案，当哲人自持拥有真理时，哲学消失了，主义出现了，主义又变成意识形态，接着党团

1 斯特劳斯:《重述色诺芬〈希耶罗〉》，斯特劳斯等:《论僭政》，第213页。

诞生了，然后党团内部形成种种派系，各个派系皆自认是正统，指责对方为修正。这不就是现代政治生活的真实写照？苏格拉底哲学开创了学派，但并未形成一种主义，马克思哲学作为一种主义却兴起了党派，且是群众性党派。主义贬值为意识形态之后，成了政治行动的依据，所致严重后果："每当一个政治家要以一种哲学的名义行动时，他马上表现得像一个僭主。"[1]

自持拥有真理，心态就会激进许多，并将真理变成某种主义：动辄大批判，猛烈抨击现存政治秩序；动辄大革命，鼓动颠覆现存社会秩序，总之，不是提出具体的补救措施[反观亚里士多德《政治学》，卷五"政治病理学"详析各类政制的弊端，卷六"政治医疗学"则提交种种纠错方案；色诺芬《希耶罗》共计11章，前七章指出僭政缺陷（病理学），后四章指出对缺陷的改善（治疗学）[2]]，而是时刻打算最坚决、最彻底、最全面地改造世界。这恰恰反映了现代政治哲人不成熟、不智慧、不审慎。古代哲人知道好政治制度的实现需要机运（对柏拉图而言，这种机运取决于智慧与权力合一，对亚里士多德而言，这种机运取决于地理环境和人民素质），可遇不可求，若仓促否定既定秩序，那将会非常危险，废墟上的残砖烂瓦建造不来新城邦，而是希望通过温和手段如智识教育、稳健立法，逐渐接近好的政治制度，不会像现代哲人

1　科耶夫：《僭政与智慧》，施特劳斯等：《论僭政》，第180页。
2　斯特劳斯：《论僭政》，第35、85页。

自命不凡，放弃政治的节制、中庸和修明，以为只要动用激进手段就能实现理想世界，造就新人新秩序，跃入绝对的光明国度。[1]

现代启蒙运动显然相信知识在不断进步，相应的，社会随知识的进步而愈发光明。古典哲人可不这么看。知识进步与社会进步不一定兼容，“在智识的完善与政治的或社会的完善之间存在张力……智识进步与社会进步之间没有和谐可言。”[2] 譬如，宗教就属一种“无知”，现代启蒙家为带领人民脱离无知、走向光明，口口声声要铲除封建迷信，用唯物论打倒有神论，以为宗教是人民的鸦片。这话可真说不得。因为，宗教信仰是健全的社会生活之所系，是支撑价值秩序的坚实砥柱，是安顿心灵、践行伦理的有力保障，以沃格林的说法：“生存的神性根基，是世界秩序的源泉。”

倘若道德形而上学被自然科学取代，宗教信仰被当作封建迷信予以破除，结果如何？没有恐惧，没有敬畏，变得狂

1　不加约束的政治理想主义，易于走向极端，导致灾难，“政治理想主义是人类最具破坏力的激情”，“政制可以被改善，但不能被完美化；不义将永远持存。因而，改革的适度精神是节制。苏格拉底建构他的乌托邦，是为了凸显我们所谓的乌托邦主义的危险；就此而论，这是迄今为止所书写的最伟大的政治理想主义批判。提供展示城邦所能要求和期盼之物的界限，《王制》有助于节制对政治正义的极端激情。”[美]布鲁姆：《人应该如何生活：〈王制〉释义》，刘晨光译，北京：华夏出版社，2009年版，第151页。

2　施特劳斯：《论柏拉图的〈会饮〉》，第55页。

妄自大，天不怕地不怕，敢于做任何不要脸不要命的事，总之，礼崩乐坏。宗教是社会稳定的地基，没有宗教的道德教育是不可能的，阙失信仰约束的伦理，多为空谈，甚至沦为贫瘠的意识形态化道德，成了掩人耳目的作恶工具。现代启蒙的大立法者将所谓的民智开启后，结局怎样？反唯心主义，却掉入了唯心主义，反封建迷信，结果比封建迷信还封建迷信。在奉行无神论的极权政治中，宗教被强行取缔后，一种“科学的主义”会自动取而代之，变成准宗教，党取代教会，成了慰藉的提供者，包括领袖的身份被宗教化了，开创一种新型的现代政治神学（如“白头山血统”）。然而，现代极权政治的意识形态作为宗教的替代品，[1]却没有宗教的约束力，权力反而横行不法，令僭制残酷到极致（传统王制再怎么暴戾，至少忌惮“头顶三尺有神明”），甚至捏造了一位堪比耶稣的肉身之神，而领袖自立为神，首先要“弑父”，即打倒诸神，打倒习俗传统，实现“两个彻底决裂论”后，全民被意识形态的魔咒附身，丧失基本常识与正常判断，陷入前所未有的虚无和愚昧，这一滑稽剧在20世纪的红色大地上不是反复

1 “古代的神权国家是暴力极权主义的典型，现代的极权主义则反映了宗教的需要，并且是宗教的代用品。”[俄]别尔嘉耶夫：《自我认识——思想自传》，雷永生译，上海三联书店，1997年版，第225页。

出演过了么？[1]

苏格拉底时时向神明祷告(《斐德若篇》)，屡屡向神明奉献(《斐多篇》)，并反复探究何为虔诚(《欧绪甫洛篇》)，亦一再强调自己对神谕的恪守(《申辩篇》)。他真的信神？未必。至少可以说，苏格拉底的虔敬观不同于大众的。[2]政治提供主义，宗教提供教义，二者皆属决断，先行给出解决问题的方案，故哲学的两大威胁，除了政治，就是宗教(宗教归根结底也是政治，一种隐性政治)。耶路撒冷与雅典开创了精神的两极：神学与哲学。神学以启示真理预设了不容置疑的信仰答案，是规范、决断，亦是诫命、禁忌，不免抑制哲思的生机，耶路撒冷没有伟大的哲学便是雄辩的证据。宗教起于对诸神的敬畏，哲学起于对世界的好奇，[3]因而知识与信仰、哲学与神学不兼容，有了启示真理，哲思的精神土壤就变得贫瘠。苏格拉底

1 以斯特劳斯的分析：对道德的过分强调，对人之权利的极端漠视，对传统的彻底决裂，以及对现代文明的剧烈排斥，导致纳粹德国虚无主义的出现，虚无主义不可避免的后果，就是“狂热的蒙昧主义”。施特劳斯：《德意志虚无主义》，丁耘译，《苏格拉底问题与现代性》，第104–106、126—127页。

2 《伊壁鸠鲁向墨诺伊库斯致意》中一段关于神的论述，或可说明哲人的虔敬观：对于神的知识，大众并非真正懂得，抛弃俗众所谓的神灵并非不虔敬，以世俗之见强加于神明才是真正的亵渎。拉尔修《名哲言行录》10.123–124。

3 关于智慧的起源，对比所罗门《箴言》9:10与亚里士多德《形而上学》982b14。

从不公开诋毁神，还得在人民面前装出一副虔诚的模样，这种欺骗人民的态度值得玩味。为了不去打搅人民的生活，不去干扰社会的秩序，苏格拉底明白，有些话不能直说。[1]

古典哲人深深懂得，世界本来就是不完美的，换言之，有点蒙昧、有点晦暗，甚至有点苦涩，就如柏拉图洞穴一般。启蒙之后的现代哲人却自信比古人聪明许多，相信“实践所需要的一切光明都由理论、哲学或科学提供了”[2]，以为只要让光（正确观念）照进洞穴，驱散阴影，清除墙上的幻象，就能使地窖人走出黑暗，脱离蒙昧，“在科学的阳光下审视自己”，孰料，沐浴在璀璨的理性金辉之中的人却变得更其蒙昧；或以为一旦爬出昏暗的“自然洞穴”，便可直接进入光明之境，孰料，匍匐而入的却是更下面一层的洞穴，这是自己为自己挖掘的“非自然洞穴”，毫无自知之明地陷入更深一层的蒙昧。[3]

施特劳斯写道：“当哲学的目的等同于全人类都力所能

1 “政治上的无神论分明是一个现代现象。前现代的无神论者中没有人会怀疑社会生活需要对于上帝或诸神的信仰和崇拜。”施特劳斯：《自然权利与历史》，第173页。

2 施特劳斯：《自然权利与历史》，第311页。“哲人是一个指引者，而非启蒙者。照亮洞穴的努力会弄巧成拙……光亮将被弄暗淡，将被歪曲；它在洞穴中不会提供真正的明晰。”布鲁姆：《人应该如何生活》，第143页。

3 施特劳斯：《迫害与写作艺术》，第149页；另见布鲁姆：《美国精神的封闭》，第218–221页。

及的目标时，现代哲学诞生了。”[1] 施氏进而指出：现代启蒙运动“其实应该是蒙昧蛊惑运动”。[2] 为何有这样的笔法？

与政治家相反，哲人的本分是沉思，而非行动。为获取人之为人的优异品质，哲人的首务是关心自己的灵魂，认识自我，照料自我，使自己变得明智、审慎和节制。[3] 哲学可以提升人之品性，安提斯蒂尼从哲学中学会了“同自己对话的能力”；阿里斯提波从哲学中学会了“从容应对一切的能力”（阿氏相信，法律倘若悉数废除，哲学家的生活“仍会一如既往”）。尤其重要，古典哲人看来，哲学具有治疗功能，可以医好心灵，亚里士多德为治愈贪欲开出的药方是“遂志于哲学的清思”；伊壁鸠鲁亦以哲学驱逐灵魂的疾病；塞涅卡的哲学被誉为治疗的哲学，但这种“哲学的治疗”首先是针对自我的治疗，其书信《论心灵的宁静——致塞雷努斯》首句“当我审视自己时……”他首先触摸到了自己心灵上的疾病。[4]

对于哲人，沉思的生活是属己的最佳生活，亦是高贵的

1 [美]列奥·斯特劳斯：《古今自由主义》，马志娟译，南京：江苏人民出版社，2012年版，第20页。

2 [美]列奥·施特劳斯：《关于马基雅维利的思考》，申彤译，南京：译林出版社，2003年版，第265页。

3 比如，塞涅卡自白：“我要让我的心灵只专注于其自身，让它自我培养。”塞涅卡：《论心灵的宁静——致塞雷努斯》，《哲学的治疗》，第33页。

4 现代哲人如福柯，则认为哲学的观念在于“警示权力的危险”，“质疑所有层次以及所有形式的宰制”。

私人生活，可是，哲人既然生活于政治共同体中，就不可避免被“何为正义的政治秩序？”所搅扰。困惑于“何为正义的政治秩序？”也就是困惑于“何为好的生活？”两个问题是一致的，都是对“善”的追问。因而，眷注政治事务，审查公众意见，亦属哲人的职责，“参与政治是哲人的义务，无疑是一种最为吊诡的义务”。[1]

政治制度关乎人之品性，故哲人不单要关心自己的卓越，亦要关心政治的卓越，努力认识政治世界，保持清醒，对种种政治药方“作透彻的思考”，对政治病理学及时诊断，却不会草率给出治疗方案，更不会狂热给出最终确定答案，譬如，苏格拉底花费一生追究何为正义，何为不义，[2]古典正义观认为：绝对的正义是不可能实现的（但它提供了标尺，可做现世的评判依据）。[3]换言之，正义社会不是一蹴而就的，“正义就意味着不断修正正义，并且期待更完美的正义，正义永远处于尚未形成之中”（列维纳斯）；或者，“正义问题不是在抽象中发展，而是在与正义的错误概念的对抗中发展”（沃格林）。

现代哲人同样追逐“正义”，但不愿过沉思的生活，不

---

1 过静观生活、专注于永恒之物的柏拉图，并未远离尘世，撰写《国家篇》正是对政治现实的回归。[瑞士]葛恭：《柏拉图与政治现实》，黄瑞成、江澜译，上海：华东师范大学出版社，2010年版，第2–3页。

2 色诺芬《回忆苏格拉底》IV.4:4。

3 柏拉图《国家篇》472C–D。

再照料自我、看顾自己的灵魂，亦不再关心政治的卓越，而是开始关心人民的物质需求，蜕变为政治宣传家的角色（却缺少政治家的实践智慧），更荒唐的是，居然相信自己是人民的忠实代言人，主动与人民打成一片，急于将哲学实践化，美其名曰“行动哲学”，像科学征服自然一样，欲以哲学征服社会，因为沉思对现代哲人而言，是徒劳的，毫无益处，无助于世界的更新。职是之故，为改造世界，现代哲人不加检验地信任理论推出的预言，以为哲学有益于社会，实际上却为害不浅，不仅以理论的标准攻击现实，且按理论的要求将社会改造成合乎理论的模样，结果就是哲学日益走火入魔，政治也跟着日益走火入魔，这正是现代政治哲学的危机。沃格林以为“哲学的历史，极大程度上是哲学脱轨的历史”，此言极是。

有序的政治生活是多方博弈尔后妥协的结果，其中，哲学与政治的冲突是根本性冲突，贯穿社会生活始终，二者不可抗拒、不可跨越的紧张关系无法释除，只能以暂时松弛的方式获致缓和，因而，面对有权力的政治压力，无权力的哲学必须学会以“中道”做出必要妥协。《国家篇》苏格拉底极不情愿加入这场对话，点出了哲人与城邦（政治）的微妙关系，“智慧与权力达成了妥协，一个微型共同体出现了……一个新的统治原则出现了：同意。同意是无权的智慧与无智慧的权力的混合物。所有的政治生活，都将建立在这种或多或少令人满意的妥协之上”。[1]

哲学生活有别于政治生活，哲学与政治的冲突，是真实的张力，形成社会良性发展的一股动力，表面上的妥协，实则隐含着相互牵衡，克制对方走火入魔：哲学持续展开对政治的拷问，予以诊断、矫正、纠偏，以免政治走上错轨，误入歧途；而“政治的盘诘和挑战，使哲人在哲学之爱的驱使下探究世界时，不至于瞎了眼”。[2] 自马克思之后，二者的冲突变成了二者的勾结，哲学甚至主动成了政治的婢女，专为权力服务，充当意识形态的敲门砖，进而言之，哲学甘愿做政治的情人，宗教则被视为政治的情敌。古典哲人认为政治生活需要哲学，[3] 以哲学检查政治，正确引导政治，但有意保持哲学与政治的距离，“不至于僭越各自的领地伤害对方”，此乃中庸之道的智慧表现。现代哲人却让哲学变成意识形态，努力对政治施加最大影响，政治不仅被哲学化了，哲学亦被政治化了，二者联手将宗教挤出生活，这方面，马克思主义最为成功，后果也最为惨烈。

古代哲人追逐真，此乃“求知的美德”，但不讲出真，此乃“道义上的美德”，其激进思想往往“掩盖在政治行为的

---

1 布鲁姆：《人应该如何生活》，第 29 页；参见施特劳斯：《自然权利与历史》，第 155 页。

2 迈尔：《为什么是政治哲学？》，《隐匿的对话》，第 120 页。

3 政治生活为何需要哲学？“这一问题把哲学召到共同体的法庭前：它使哲学负有政治责任。”施特劳斯：《什么是政治哲学》，第 80 页。

中庸之中”，[1]换言之，中庸不是思想的美德，却是言说或行为的美德。不过，这种亚里士多德式的中庸之说，在现代哲人看来，纯属怯懦之举，于是，胆大、妄为、偏执、极端、无所顾忌，成了马克思式现代哲人的思想品格，然而，现代人的自以为是，却是“致命的自负”。被高度精炼的理论，可以计算出理想结果，却推不出实践后果。革命这种解决方案，造成的后果及带来的麻烦，比革命所能解决的问题还要多得多，亦严峻许多、棘手许多，这不正是当下中国补偏救弊、补敝起废的改革事业之真实处境？

1 布鲁姆：《美国精神的封闭》，第 232 页。

丨登徒子——色诺芬笔下的苏格拉底

公元前5世纪某炎炎夏日，苏格拉底一如往常信步闲逛，有些无聊，想找人瞎扯扯。青年学者斐德若刚好路过，苏格拉底赶忙拦下，听说斐德若身揣一篇时为著名修辞学家吕西亚斯关于爱欲的文章，执意要他念出来，斐德若本就打算找人一道“咀嚼这篇文章的滋味”，此时却故意卖关子，苏格拉底有些不高兴了：“若是我不懂得你，我就不懂得我自己。可是我懂得我自己，也就懂得你。”斐德若见小把戏被戳穿，只得半推半就顺从苏格拉底的意见：沿河找一块阴凉清净之地，共享美文。两人边走边聊。谈到学者如何解释神话故事，苏格拉底对此不感冒，应付了两句便放下这一话题：“我所专心致志的不是研究神话，而是研究我自己”，研究自己的目的是“知道我自己”，若某人尚不知自己，“就忙着去研究一些和他不相干的东西”，“是很可笑的”。

说话之间，两人走到一颗高大青梧树下，只见桐叶葱茏蔽日，贞椒花木扶疏，一条清冽小溪蜿蜒而过，花的芬芳、空气的鲜爽，伴着蝉鸣的合奏，果然一隅祛暑圣地，尤其那片碧绿如茵的厚密青草地，用来小憩真是妙极了，苏格拉底不油然发出赞叹。斐德若却颇觉诧异，好像苏格拉底是外方人似的，便断定苏格拉底从未出过城门，苏格拉底对此不置可否，请斐德若切勿介意："你知道，我是一个好学的人。田园草木不能让我学得什么，能让我学到一些东西的是城邦居民。"

吕西亚斯的文章一如吊羊子胃口的胡萝卜，将苏格拉底从城里勾引到乡间，苏格拉底表示，斐德若跑到哪儿，自己就跟到哪儿，"单凭你拿的那篇文章做媒就行了"。这段开场白后，爱欲的探讨依次展开，两人聊得甚欢。

上述出自柏拉图两篇专事爱欲的对话之一《斐德若》。柏拉图文章谋篇严谨，布局精妙（譬如《会饮》，若按座次顺序发言，这样处理不免呆板，于是，柏拉图安排两桩突发事件，一是让阿里斯托芬被打嗝所扰，厄里克希马库斯与阿里斯托芬调换顺序；二是宴会快结束时，让醉酒的阿尔喀比亚德贸然闯入现场，给读者以出人意料的惊奇）。作文高手柏拉图，在《斐德若》中到底想表达什么？其笔下的苏格拉底为何以"知己""知人"作为引子，逼斐德若"就范"，从而引出吕西亚斯的文章？苏格拉底为何不肯浪费功夫操心天界之事，只愿努力"研究自己"以达"认识自己"之目的？"认识自己"与感兴趣于"城邦居民"有何种关系？整篇对话为何以文章作为苏格拉底与斐德若的居间者（引媒），从而启动爱欲的话题？

会饮、爱欲与政治

先不必匆匆给出结论，再来看看同为苏格拉底嫡传弟子色诺芬撰写的《会饮》，讨论话题同样聚焦爱欲。

苏格拉底喜与年轻人交游对谈，一如对斐德若的半路拦截，苏格拉底曾在狭道上适遇“性格腼腆、模样英俊”的色诺芬，便伸出手杖将其挡住，问“哪里可以买到食物？”得到答案后，又问：“哪里人们可以变得美好和善良？”色诺芬顿时“给弄糊涂了”，苏格拉底于是说道：“那么，就跟随我学习吧。”这样，色诺芬投入苏格拉底门下。色诺芬是哲学史的首位撰写者，亦是苏格拉底对话的首位记录者[1]——《齐家》记述苏格拉底的言说；《会饮》记述苏格拉底的行事；《申辩》记述苏格拉底的思想。[2]

据说，史家出身的色诺芬，对师尊的记叙或比诗哲柏拉图的更靠谱，笔触亦轻松许多，较之柏拉图文本一贯具有的形而上严肃性，色诺芬的写作处处透露着人性的贴切，文风飘逸、隽永，夹杂几分活泼、风趣和诙谐，虽调皮但不失庄重，虽戏谑而不失端雅，故被誉为“阿提卡的缪斯”。

---

1 拉尔修《名哲言行录》2.48。

2 施特劳斯：《苏格拉底问题五讲》，《古典政治理性主义的重生》，第196、200页。

对苏格拉底言行的记载，除柏拉图和色诺芬，尚有阿里斯托芬和亚里士多德，通过四位古希腊大家的著述（或可加上后世的拉尔修），共同组成研究苏格拉底的原始资料，除亚里士多德外，其余三位均与苏格拉底熟识。但四位各自的记述角度不同，观点亦有抵牾，这为了解真实的苏格拉底带来不小麻烦。不过，列奥·斯特劳斯尤为看重色诺芬笔下的苏格拉底，施氏以为柏拉图将苏格拉底理想化了，若要了解苏格拉底的历史真实形象，“就必须依赖色诺芬的作品”，通过他的著述，“如今许多对苏格拉底的错误看法将得到避免”。[1]虽然波普尔与施特劳斯的学术路子完全相反，但以其措辞严

1 列奥·施特劳斯：《苏格拉底与阿里斯托芬》，李小均译，北京：华夏出版社，2011年版，第2页。斯特劳斯的大弟子布鲁姆趋于相信，柏拉图笔下的苏格拉底是“一个修饰过的苏格拉底，一个或许不那么真实的苏格拉底。”布鲁姆：《爱的阶梯》，柏拉图《会饮》附录，第145页。

18世纪之前，色诺芬作品尚据经典之列，之后一路下挫，直至为人遗忘，理由是：色诺芬才智平庸，无法理解苏格拉底，作为哲人，不及柏拉图，作为史家，不及修昔底德。何以如此？其一，时值历史主义盛行；其二，反映了现代人的偏见，正是因为现代哲人放弃了哲人的审慎，不再懂得隐讳的写作方式，不再欣赏古典哲人的修辞。[美]施特劳斯：《色诺芬的苏格拉底言辞——〈齐家〉义疏》，杜佳译，上海：华东师范大学出版社，2008年版，第97页；《论僭政》，第29–31页；另见《色诺芬的苏格拉底》附言，第165页。

色诺芬像

厉的掊击：柏拉图背叛了恩师，篡改了苏格拉底学说。[1] 亚里士多德亦指责柏拉图歪曲了苏格拉底的观点。[2] 其实，用不着后人揭发，柏拉图本人早已坦承“所谓的柏拉图著作实际上就是经过修饰的、当下化了的苏格拉底的著作”。[3] 苏格拉底尚在时，就对这位高足颇有微词，当听得柏拉图诵读《吕西斯篇》时，苏格拉底不禁口出怨言：“天啊！这个年轻人说了我多少的谎言呀！”[4]

色诺芬与柏拉图对师尊充满感激与热爱，分别撰有苏格

1 [英]卡尔·波普尔:《开放社会及其敌人》(第一卷)，郑一明等译，北京：中国社会科学出版社，1999年版，第362页。尼采认为柏拉图是在操纵苏格拉底:“他假装崇拜苏格拉底，并设法将苏格拉底所有的追随者与苏格拉底分离，为的是显出他才是唯一的信徒。但是他对苏格拉底的历史再现是错误的，甚至到了非同寻常的地步……”尼采:《尼采反对瓦格纳》，陈燕茹、赵秀芬译，济南：山东画报出版社，2002年版，第107页。

2 亚里士多德《修辞术》1398b30–33。

3 柏拉图《书信2》314C。

4 拉尔修《名哲言行录》3.35。

拉底的申辩和苏格拉底参与的会饮，可是，虽同出师门，两人却暗中较劲（柏拉图《国家篇》的目标是如何教育公民，而色诺芬《居鲁士劝学录》的目标是如何教育君王[1]；对抒情诗人西蒙尼德斯的评价，柏拉图以为他有智慧，色诺芬却不以为然[2]），甚至不惜给予对方以含蓄的诋毁：柏拉图《法律篇》借雅典来客之口，指出居鲁士未曾受过良好教育，[3]这不就是在质疑色诺芬笔下居鲁士的真实性？色诺芬则借苏格拉底之口，攻击探究宇宙起源的智术师们是愚妄者，[4]这不就是在挖苦柏拉图的创世论《蒂迈欧》？在各自的写作中，色诺芬与柏拉图几乎不提对方，典型如《会饮》，两份文本皆以苏格拉底为剧中主角，但二位在对方的笔下是缺席的，这显然很不正常。以18世纪德国古典语文学家维兰德的理解，色诺芬《会饮》很可能冲着柏拉图《会饮篇》去的，一是交出真实生活中的真实苏格拉底，不同于柏拉图笔下一副智术师模样的“苏格拉底派头”；二是挑明两篇《会饮》对待爱情的方式，“以调教公众对柏拉图的评价”。[5]

---

1 拉尔修《名哲言行录》2.57、3.34。

2 古热维奇：《哲学与政治》，科耶夫等：《驯服欲望》，第36页。

3 柏拉图《法律篇》695C以下。

4 色诺芬《回忆录》I.1：11。

5 ［德］维兰德：《色诺芬的〈会饮〉——对话体戏剧叙事的典范》，朱雁冰译，色诺芬等：《色诺芬的〈会饮〉》，第130页。维兰德的研究专家利茨马以为：柏拉图是“埃及秘学和毕达哥拉斯秘教的信徒”，因而“他对苏格拉底义旨的传扬”或许“相当可疑”。利茨马：《苏格拉底·色诺芬·维兰德》，色诺芬等：《色诺芬的〈会饮〉》，第182页。

（1）

“会饮”是古希腊人写作的寻常题材，柏拉图、色诺芬、亚里士多德、伊壁鸠鲁均有书写，可跻身一类独特的文学样式，所探讨话题多为只宜夜晚的“爱欲”。如此有乐妓助兴的欢娱场合，即便不说酒池肉林之中的醉生梦死，也是莺歌燕舞之中的大快朵颐（柏拉图《会饮篇》提及此前一次宴乐，众人喝得烂醉，相反，苏格拉底的酒量无人可敌，似乎是越喝越清醒[1]）。会饮当然不是严肃的学术研讨会，而是小型私人聚会，一撮嗜酒男人坐下来痛快胡扯，谈笑风生之间或插科打诨之余顺带聊聊各自的最新研究成果，辩难之余甚至可当众求欢，如此宜于“既欢娱又哲学”的场合，历史上很难再有。[2]

斯巴达城邦严厉禁酒，柏拉图却批评这种做法，《法律篇》头两卷的重要内容是“投身于一场旨在引向酒神那里去的讨论”。[3]与克里特人和斯巴达人不同，雅典来客对饮酒

1　柏拉图《会饮》220A。亚里士多德《会饮》残篇写道：愚人酒后加倍做坏事，智慧者不同，能“领悟其悠游自得”，“酒后更加温良，远过于清醒”。《亚里士多德全集》（第十卷），第141—142页。

2　布鲁姆：《爱的阶梯》，柏拉图《会饮》附录，第130页。古罗马早期此风犹存，普鲁塔克撰有“会饮”两卷，见普鲁塔克：《把酒畅谈（15则）》，《古典共和精神的捍卫》。对会饮的论述，参见［瑞士］雅各布·布克哈特：《希腊人和希腊文明》，王大庆译，上海人民出版社，2011年版，第334—339页。

3　柏拉图《法律篇》643A。

给予正面评价：饮酒可起教育作用，[1]让人消除恐惧，获致解脱，[2]酒精并非使人精神错乱，反而是一件珍贵礼物，使“灵魂中产生崇高，身体中产生健康和力量”，[3]此外，在会饮中还可洞察人之自然本性，[4]并让饮酒者养成节制的习惯。[5]总之，在会饮这种场合，适度饮酒实在是利大于弊。[6]酒神“用其解放万物之大能松开人们的舌头上的结”，让“精妙言论”如“脱缰之马奔腾而出”，[7]酒精不仅能够擦出思想的火花，

1 柏拉图《法律篇》641D。

2 柏拉图《法律篇》648D。

3 柏拉图《法律篇》672D。

4 柏拉图《法律篇》649E。

5 柏拉图《法律篇》673E。

6 亦见埃斯库罗斯对饮酒的辩护：补充营养，奉送睡眠，使人忘却苦恼，“此外再没有什么解除痛苦的药物了”，若敬拜酒神，可以收获幸福。[古希腊]埃斯库罗斯：《酒神的伴侣》，《罗念生全集》（第三卷），上海人民出版社，2004 年版，第 363 页，第 271—285 行。

塞涅卡言及：“有时我们甚至应该一醉方休，这不是让我们醉生梦死，而是暂时屈从于酒中；因为酒可以洗净愁烦，让心灵从其最深处振奋起来，酒可以治愈心灵的创伤，恰如它可以治愈身体上的某些疾病一样；酒的发明者并非因为酒能让人畅所欲言而被称为释放者，而是因为酒可以让心灵免于烦扰的束缚、可以解放心灵、赋予心灵新的生命、让心灵在它尝试的一切事物中能够更加勇敢，所以才被称为释放者。然而，恰如在自由中一样，在酒中也有一个有益健康的适度问题……”塞涅卡：《论心灵的宁静——致塞雷努斯》，《哲学的治疗》，第 65 页。

7 普鲁塔克：《把酒畅谈（15 则）》，《古典共和精神的捍卫》，第 228 页。

更妙的是，醇醉促成了爱神厄洛斯的诞生。[1]总之，狄奥尼索斯的礼物并非邪恶之物，因此就不要再重复过去对其“所作的不适当的批评”，说它是坏的，不为城邦所接受。[2]关于醉酒理论，色诺芬的态度并无不同，其笔下的会饮现场，玩累了的菲利布斯吩咐小厮换上大杯准备豪饮，东道主卡里阿斯表示赞同，苏格拉底则提供辩护：酒精如同神草，能够滋润灵魂，去除烦忧，酣然入梦，亦可“燃起快悦的火焰”，酒精对身体的神奇功效，仿佛大自然为植物所提供的优异养料。接着苏格拉底话头一偏，建议以小杯多饮的方式为佳，酗酒固然不妥（比如“脚步蹒跚，思绪零乱，接着就会气喘吁吁，言语不搭调”），但小杯多饮确实有益身心，“达至谐谑轻松之境”。[3]这一提议得到众人认可，只是渴坏了的菲利布斯要求司酒加快传壶速度。

柏拉图《会饮》的故事发生于公元前416年，写于苏格拉底过世之前，色诺芬《会饮》的故事发生于公元前420年，写于苏格拉底过世之后。不过，两份文本太不一样了，前者的出场人物，皆为社会大牌精英（摘得肃剧竞赛头奖的阿伽通、喜剧作家阿里斯托芬、青年才俊斐德诺、名医厄里克希马库斯、名将阿尔喀比亚德），且话题集中，循序渐进，几无瑕疵；后者的出场

1 柏拉图《会饮篇》203B–C。

2 柏拉图《法律篇》672A。

3 色诺芬《会饮》II:24–26。

人物形形色色，三教九流齐聚一堂，有望门贵族（卡里阿斯），体坛新秀（奥托吕克），将门之后（尼克拉特），诗人之子（卡尔米德），还有富二代（克里托布鲁），寒门子弟（西谟根尼），亦有演说家（吕克昂），修辞学家（安提斯蒂尼），以及一帮上不了台面的粗人（笑星菲利布斯、叙拉古杂耍艺人），聊天内容多半不离市井趣味，现场热热闹闹，嘉宾七嘴八舌，话题杂乱而伧俗，要不是有苏格拉底在场，这次聚会肯定与一群酒徒消磨乏味时光的神神叨叨无异。

色诺芬《会饮》发生的年代，当属多事之秋，如火如荼的伯罗奔尼撒战争已进入第十个年头，毫无按甲休兵迹象，而《会饮》写作的年代，其出场人物时运不济，相继遭难：卡里阿斯失去财富一贫如洗；奥托吕克和尼克拉特被三十僭主政府处死；卡尔米德跻身血腥“十人”执政集团，成为骨干，后血染沙场；苏格拉底被吕克昂告上法庭，苏格拉底死后，吕克昂很可能毙命于安提斯蒂尼之手……如此黑云压顶的惨淡社会背景，色诺芬心中自然有数，却写就了一篇离肃剧“要多远就有多远”的喜剧，会饮场面那份难得的轻松活泼，其笔下苏格拉底对灰色世界之亦庄亦谐的态度，仿佛一剂疫苗，令世人“在力所能及的范围内对抗绝望”。[1]

那么，色诺芬笔下的苏格拉底模样究竟如何？

1 巴雷特：《论色诺芬的〈会饮〉》，田立年译，色诺芬等：《色诺芬的〈会饮〉》，第282—283页。

公元前420年7月底，适值四年一度的泛雅典竞技节，漂亮男孩奥托吕克在角力项目上力克群雄，爱人卡里阿斯备下酒席，邀约亲朋好友，祝贺奥托吕克载誉而归。携客回府途中，凑巧撞上苏格拉底一干人等，便诚请一道赴宴。苏格拉底是会饮的常客和行家，一贯欣然接受邀约，此时却有些犹豫了，先是推脱，然而，盛情毕竟难却，只得应允。

一阵寒暄之后，嘉宾纷纷就席。因贵客临门，会所顿然熠熠生辉，可是，奥托吕克的美貌似乎更显耀眼，明惠若神，宛如素子，“大家无不为之心动，有人不禁哑然，另一些人表情别样”。众人的心思被奥托吕克的“谦和与矜持”所扣留，默默啜饮着。突然，一阵急切的叩门声将大伙惊醒，原来，笑星菲利布斯前来投宿。主人轻微不悦，碍于情面的同时，亦欲松解一下席间的怪异气氛，将其请入。菲利布斯就座后，为活络活络现场，讲了几条笑话，甩了几个包袱，但没能逗乐各位，沮丧的他郁郁寡欢，克里托布鲁瞧着菲利布斯蔫头耷脑的样子，反倒失声笑了起来。

正餐后，靠卖艺为生的杂耍班子老板（叙拉古人）带领三位少男少女来到宴会为大伙助兴，其精湛技艺赢得满堂喝彩，嘉宾借表演内容就香水、勇气、舞蹈等话题展开小小议论。司酒不断斟满杯盏，加之叙拉古俊美艺人的轮番表演，一时惹得大伙情欲高涨（“竟使人忘却了悲伤，燃起阿芙罗蒂忒的火焰”）。苏格拉底为使这次宴会更有意思，不至于流俗而“感到羞愧”，提议大家回答如下问题：自己最感自豪的事或物是什么？（或“自认为最有价值的东西”是什么？）。答案各式各样：有的稀松平常，如财富、美貌；有的中规中矩，如熟谙荷马诗歌；还有的不合常理，如卡尔米德居然以贫穷为傲（苏格拉底为此惊呼：“这可真太有诱惑力了！”）。更出格的答案在后面。紧接着卡尔米德便是苏格拉底，其给出的答案到底是啥？只见他神色凝重，吐出俩字：嫖妓（拉皮条）。这一答案太出乎意料了，引来哄堂大笑。苏格拉底严肃说道：“我的朋友们啊，你们好好笑就是了。不过，我知道，假如我细心照料这门手艺，那么，我也可以发财。”这更让人费解了。

一轮回答之后，苏格拉底将话题引入深水区：每人须证明自己所爱惜之物（引以为豪的东西）确实值得爱惜（值得自豪），即，如何借此事物成为优秀者？或生活得更好？众人逐一表明观点，最后轮到苏格拉底，东道主卡里阿斯追问：“你怎么对你的话做解释？你怎么能够为了那样一种不体面的技艺感到自豪？”苏格拉底不慌不忙：“好吧！那么，先来搞清楚一个好的皮条客，其责任是什么？”他接连抛出九个问题，其中五个较为关键：

1. 做个好的皮条客，职责所在就是令其技艺所实施的人尽量与伴侣达成一致，对不对？

6. 那么，好的皮条客是否应该在其中有所选择，只是介绍有助于使人家达成一致的东西？

7. 那么，做个皮条客，是应该使当事人让一个人喜欢呢？还是让他得到许多人的喜欢？哪样更好？

8. 那么，假如某人可使大家与社会融洽，是不是就应该认为，这位技艺精湛者就是精明的皮条客？

9. 假如某人有能力使他所照顾到的所有人都能够感到快乐，这个人，照我说来，完全可以为他所掌握的技艺感到骄傲，并且理所当然得到大笔酬劳，是这样吗？

柏拉图对皮条客十分不屑："这世上有一种错误愚蠢的撮合男女的方式，被称作拉皮条。"[1] 色诺芬却认真对待拉皮条的角色，给予莫大期许，实则暗中纠弹柏拉图的偏见。除问题 7 引来分歧，其余一概获致认同。接着，苏格拉底当众表扬得意门生安提斯蒂尼，赞美他善于此道，竭力服侍别人，简直是一位完美的皮条客。安提斯蒂尼从苏格拉底那里学得老鸨技艺，并熟练掌握，将多人撮合成一对，或确立爱情，或建立友谊，总之，发生应该发生的关系，使彼此接纳，相互愉悦。苏格拉底自然是受益者之一，因安氏的游说、沟通与协调，苏格拉底和他人"才会相互眷爱……像猎犬一样相互追逐"（柏拉图《治邦者》中的苏格拉底一上场就因"为着我与泰阿泰德的结识，也为着与这位客人结识"亦感谢西奥多勒斯的引荐）。色诺芬回忆录中，苏格拉底再一次肯定了老鸨的角

1　柏拉图《泰阿泰德》150A。

色，与克里托布鲁谈论关于友谊的话题时，苏格拉底转述他的老师阿斯芭希娅的观点：好的皮条客（媒人）是“按真实情况介绍双方的美好品德”，这于双方的结合至关重要。[1] 接下来几章，色诺芬记录的正是苏格拉底如何成就为一位优秀的皮条客。

稍加留意，在座嘉宾引以为豪的东西，其受益者完全不同，有些人（如卡里阿斯、菲利布斯）的自豪之物令他人受益，有些人（如尼克拉特、卡尔米德、西谟根尼）的自豪之物使自己受益，唯有苏格拉底的技艺使人相互受益。

苏格拉底引以为傲之物竟是声名狼藉的下流角色，开玩笑？搞幽默？当然是。色诺芬之所以郑重其事辑录在案，原因在于：“秉性完美者不仅其严肃的一面值得记述，某些轻松随意的事情同样值得记述。”[2] 席间，笑星菲利布斯讲了

1　色诺芬《回忆苏格拉底》II.6 : 36。伯里克利的阵亡将士的葬礼演说辞，竟出自阿斯芭希娅之手，这位雄辩的女中豪杰，亦是苏格拉底的修辞学教师。柏拉图《美涅克塞努篇》236B、235E。另见［古希腊］普鲁塔克：《希腊罗马名人传》，席代岳译，长春：吉林出版集团有限责任公司，2011 年版，第 307—308 页。

2　另见《回忆苏格拉底》I.3:1。普鲁塔克《道德论集》（612d–e）写道：“那只要一杯在手万事皆休的做法，不但与酒宴上交朋友的教导相背驰，而且那些最有发言权的哲学家们对此也有相反意见。不论柏拉图和色诺芬，还是亚里士多德、斯彪西帕斯、普鲁塔尼、赫隆尼莫以及学园的彼翁，都认为把出自酣饮的那些话语记录下来是一番值得做的事业。”《亚里士多德全集》（第十卷），第 138–139 页。

数则不成功的笑话后，索性直接模仿叙拉古演员的舞蹈动作，因夸张而滑稽，终于把大家逗乐了，而苏格拉底随便一句不动声色的简单戏言都能引来爽朗笑声。以列奥·施特劳斯的解读："菲利布斯的表演——与他所滑稽模仿的表演相反——没让任何人从中得出一种正经玩笑的教益。"显然，色诺芬抬出菲利布斯，是为了衬托苏格拉底：寓教于乐，在正经的笑话中点拨众人，尤其启迪青年学子。苏格拉底"富有娱乐精神"的"搞笑教育"，是适合年轻人的教育，其正确引导的有效性不亚于板着面孔的严肃教育。[1]幽默是智慧的表现，且代表着友善和亲合，可以拉近人际距离，在色诺芬笔下，俏皮是苏格拉底的一贯作风，诙谐是其人生态度，善于打趣，乐于自嘲——别忘了，苏格拉底生就一副很喜的面孔：秃顶、暴眼、厚唇、阔嘴、塌鼻，配上武大郎般短胖而笨拙的身材，很难想象如此模样的老师，怎么可以令学生严肃得起来。

搞笑教育"建立在理解之快乐的预期上，因而将是一种

1　参见色诺芬《回忆苏格拉底》IV.1：1，具体案例 I.3：7–8。对比柏拉图《法律篇》803C。

更深刻意义上的教育”，[1] 与菲利布斯为搞笑而搞笑相反，苏格拉底式的搞笑背后通常隐藏着严肃，看似不经意的戏谑，往往夹带处心积虑的论题。普鲁塔克以为“真正的哲学家通过幽默和笑话征服那些并非完全无懈可击的听众”。[2] 然而，苏格拉底的搞笑却是一种伪装，将没有能力理解正经玩笑的听众巧妙排除出局。[3]

会饮的高潮是苏格拉底关于爱欲的长篇大论。苏氏先来一段开场白：

> 先生们，有这么一点，是不能不承认的，那就是现在这种非凡奇特的力量，这种力量如同永恒的神明一样亘古绵长，但在表面上看来，却又是最为年轻的，并且

1　巴雷特：《论色诺芬的〈会饮〉》，色诺芬等：《色诺芬的〈会饮〉》，第 261 页。苏格拉底终其一生“正经地研究”，令其既无时间亦无能力“正经地行动”，因而苏格拉底的生活“某种意义上是玩笑性的或不够正经的”，而且，“正如从贤人观点看，苏格拉底的正经思考或探究不够正经一样，在苏格拉底看来，贤人们的正经行动，由于缺少对于贤人品格的充分反思，似乎是不够正经的。因此，如果说，即使苏格拉底最正经的方面在一个贤人看来仍然是玩笑性的，相反亦然，那么，也许玩笑行为是贤人和哲人之间的一个接触点：通过回忆有关玩笑性行为，色诺芬也许能为自己赢得一种自由或许可，使他能够在一种不是完全不利的气氛中描述苏格拉底的正经玩笑品格。”

2　普鲁塔克：《把酒畅谈（15 则）》，《古典共和精神的捍卫》，第 230 页。

3　参见斯特劳斯：《色诺芬的苏格拉底》，第 84 页。

包罗万象；在人的灵魂之中，它占据了神龛的位置，他的名字就叫爱！实在不该忘记，大家都不过是这位神明的皈依。

苏格拉底夸奖在座各位，包括自己，俱是有爱欲之人（或为爱人或为情人），此时的安提斯蒂尼趁机向苏格拉底求爱，苏格拉底则面露羞状，显然出于谐谑，请安氏不要纠缠自己。安提斯蒂尼发现自己的爱被再度拒绝，便发出抱怨：作为正宗皮条客的苏格拉底，却老是以种种托词拒绝自己。苏格拉底亦自觉委屈，并假装愤怒，因为安提斯蒂尼的爱不是出于对心灵的爱慕，“只是对我这个可爱之人的爱恋”。苏格拉底于是借题发挥，将爱欲分为两个层次：心灵之爱与肉欲之欢，分别被属天的和属地的阿芙罗蒂忒所掌管。但二者能否分开，苏格拉底心里没谱：“我也无法说清楚。”可以推断：心灵之爱是男子之间的爱情，肉欲之欢是男女之间的爱情（柏拉图《会饮篇》可资佐证：属地的爱神或由男或由女生出，属天的爱神只是由男子出生，其爱情对象仅为少男，并“鼓舞人们把爱情专注于男性”。苏格拉底以身作则，喜欢美少年的他，与俊俏的阿尔喀比亚德同床共眠，并未发生阿尔喀比亚德期盼发生的事[1]）。施特劳斯甚至大胆导

1　彼翁为此攻击苏格拉底无视阿尔喀比亚德的需求。阿尔喀比亚德年少时，将男人从妻子身边引走，成年后，则将女人从丈夫身边拐跑，阿氏的追求者不乏出身簪缨门第的贵妇，足见其美貌惊人。分别见拉尔修《名哲言行录》4.49 和色诺芬《回忆苏格拉底》I.2：24。

出结论："只有对灵魂的爱才是一个男子对另一个男子必需的爱；如果对身体的爱与对灵魂的爱可以加在一起的话，那么，男人对女人的爱比他们的同性爱要优越得多。"

无论心灵之爱还是肉欲之欢，的确殊难厘清，流氓尼采的一番说辞倒是深中肯綮："我曾听到最贞洁的话：真正的爱情在于心灵，它覆盖到肉体。"[1]尼采此语颇具后现代风格，倒也直逼古希腊美学意绪。古希腊人对美有着异乎寻常的热情，美不单指内在的品德之美，还包括外在的身体之美，譬如苏格拉底，他赞扬美德，喜爱出类拔萃的高贵心灵，却对"身体之美有着极高的品位"。[2]虽然苏格拉底一再强调精神之爱的价值高于身体之爱，但他终究没有完全否弃肉欲之欢，而努力协调灵肉的平衡关系，他曾告知色诺芬：若身体有迫切需要，且心灵予以同意，并对身体或灵魂无碍，就可放心享用色欲。[3]

（2）

喜剧诗人阿里斯托芬嘲讽苏格拉底太痴狂、太疯癫，充满了叛逆精神；悲剧诗人尼采则攻击苏格拉底太清醒、太理智，甚至太世故，学会了与现实的温和妥协，是颓废派的代

1 尼采：《善恶之彼岸》，第142节。

2 参见色诺芬《会饮》II：3、15以下。

3 色诺芬《回忆苏格拉底》I.3：14。当苏格拉底瞧见美少男卡尔米德的俊美身体时，不禁欲火中烧，难以自持。柏拉图《卡尔米德》155D。

表。[1]怎么回事，同一个人怎会得到如此迥异的评价？

曼提尼亚城邦的女巫第俄提玛，曾亲自将爱欲的秘密传授给苏格拉底，可惜，彼时的苏格拉底阅历尚浅，不懂得第俄提玛的真实意图。年少气盛的青年苏格拉底犹如一只到处蛰人的牛虻，过于锋芒毕露，决然抛弃流行意见，一味探寻真理，只求纯粹知识，对城邦生活的世俗与庸碌充满鄙夷。以亚里士多德的看法：年轻人稍显稚嫩，往往“纵情使气”。[2]

巴门尼德，埃利亚派的创始人，向年轻苏格拉底传授智慧时已年届八十，当巴门尼德问及“头发、烂泥、垃圾以及最不足道、最无价值的”可笑之物是否也有理念？苏格拉底却不知该如何作答，“害怕掉进愚昧的深渊不能自拔”。不要说年轻哲人无法懂得“道在屎溺”的理儿，就连普通人也看不上此等秽物。巴门尼德于是语重心长说道：“苏格拉底啊，这是因为你还年轻，哲学还没有把你紧紧抓住，依我看它是会紧紧抓住你的，那时候你就不会再轻视这些东西里面的任何一个了。可是现在你由于年龄不大，还不能不考虑人们的

---

1 尼采：《悲剧的诞生》，第 12—13 节；《善恶之彼岸》，第 28 节、190—191 节；《偶像的黄昏》“苏格拉底的问题”。尼采猛烈抨击苏格拉底，但态度矛盾，既恨且爱（“我承认，苏格拉底离我很近，以至于我几乎一直同他斗争”），见 [美] 瓦尔特·考夫曼：《尼采对苏格拉底的态度》，胡铁生译，《尼采的幽灵：西方后现代语境中的尼采》，汪民安、陈永国主编，北京：社会科学文献出版社，2001 年版。

2 亚里士多德《尼各马科伦理学》1095a5。有人问“年轻人的德性是什么？”答曰：“勿过度。”拉尔修《名哲言行录》2.32。

意见。”[1]巴门尼德的劝诫，恰恰说明此时的苏格拉底尚不够练达。

与今人对哲学的理解不同，在古典人看来，哲学的独有性质在于，它是一门“生活的艺术”。[2]少不更事的苏格拉底，被阿里斯托芬以谐剧形式无情戏谑一番：苏格拉底主持的高等研究院（思想所）是一座几乎与世隔绝的禅堂，师生们被强大的求知欲苦苦折磨，呆在空气污浊、臭虫乱跳的环境中追逐云天的智慧，为了安静沉思，不喜外人打扰（如粗人斯瑞西阿得斯莽撞敲门，惊得苏格拉底门徒所孕育的思想顿时流了产），且须禁欲，抛弃肉身，关心灵魂。此时的苏格拉底，怀揣强烈的科学精神，探寻纯粹理论，眼睛只盯着天界诸象，专心研究虚幻的以太，对人间事物了无兴趣（理由是：大地会吸走“思想的精液”）。既然心系永恒之物，那么，从高处俯瞰世界，或许对真理更能看得真切，却很可能瞧不清芸芸众生的本真模样，因而，阿里斯托芬笔下的苏格拉底没有能力理解人事（或说，不愿理解人事，意识不到对人之理解的重要性），不知爱欲的秘密，缺乏实践智慧。青年苏格拉底是彻底非政治、非艺术的，亦是彻底非爱欲的。非爱欲与他的非政治有关，而非爱欲的苏格拉底也是非艺术的，“不爱任何形式美的东西”。[3]尼

1　柏拉图《巴门尼德》130E。

2　普鲁塔克：《把酒畅谈（15 则）》，《古典共和精神的捍卫》，第 228 页。

3　施特劳斯：《苏格拉底与阿里斯托芬》，第 6、50、182、328、329、332 页；《苏格拉底问题五讲》，《古典政治理性主义的重生》，第 188、198 页。

采说：优秀学者通常是平庸之人，而平庸的艺术家，往往是值得注意的人。[1]无疑，年轻的苏格拉底或许是位优秀学者，但因缺乏艺术气质，不懂得将生活艺术化、审美化，是位很没意思的人。而哲学家与艺术家有个共同点，都是社会上不务实事的闲人，整日想入非非，所从事专业脱离群众的实际需求。

哲人无暇顾及俗事，专心抽象之理。相传泰勒斯行路时仰望星空，思索苍穹，一不留神掉入井中，女仆嘲讽道："你连脚前的事都看不清，还想知道天上的事？"苏格拉底就此事评论："献身哲学就得接受这样的嘲笑。"[2]这不正是苏格拉底的夫子自道？

阿里斯托芬对苏格拉底的刻薄讥讽，不免带有"羡慕嫉妒恨"的成分[3]（色诺芬《会饮》中的叙拉古艺团老板，出于同样心情，借《云》的内容恶心一下苏格拉底[4]），其实，亦可视其为善意的提醒，青年苏格拉底不仅缺乏自我知识，亦对人性的认识很不充分，且不太顾及城邦的真实需求，那位闯入学园的斯瑞西阿得斯，对苏格拉底及其弟子研究的各类自然学兴致索然，只对自然学的副产品（如测量、图绘等实用知识）饶有兴趣，这说

1 尼采：《善恶之彼岸》，第 137 节。

2 柏拉图《泰阿泰德》173D 以下。

3 施特劳斯：《古典政治理性主义的重生》，第 165—166 页；《苏格拉底与阿里斯托芬》，第 4 页。

4 色诺芬《会饮》VI：6–8。

明青年苏格拉底所缺乏的正是“为城邦服务的动机”。[1]阿里斯托芬试图将只观天穹而不谙世事的苏格拉底从天上拉回人间，把高高坐在吊篮中逼视太阳的苏格拉底，降低至常人角度，近距离接触人间事物，令其追究“地上的思想”。

阿里斯托芬笔下的青年苏格拉底是非政治的（苏格拉底坦承：“我年轻时，对自然界的研究深有兴趣，非常急切地想求得这方面的智慧”[2]，且在受审时承认“没有余暇参加政治活动”[3]），这情有可原，亚里士多德不赞成年轻人研习政治学，其理由：

> 青年人对生活尚无实践经验，而政治理论来自生活经验并说明生活经验。此外，他们还为情感所左右，学不到任何有益的事情。因为这门科学的目的不是知识而是实践。青年人不但在岁数上年轻，而且在品格上也幼稚。[4]

年轻人活泼好动，感情用事，率性而为，柏拉图对此多有负面评价，比如盲从、好冲动、性格易变、热衷于争论等等。年轻柏拉图天真幼稚，曾一度热情参与政治，结果“混乱的状况”使他不知所措，“晕头转向”，等柏拉图日益成

---

1 施特劳斯：《苏格拉底与阿里斯托芬》，第 13 页。

2 柏拉图《斐多篇》96A。

3 柏拉图《苏格拉底的申辩篇》23C。

4 亚里士多德《尼各马科伦理学》1095a3–5。

熟，逐渐认清“正确安排国家事务”不是想象的那么简单。经历了这次挫折，柏拉图虽未放弃对政治生活的思考，但“行动推迟了，以待有利时机”。[1]按柏拉图的教育方案：为培养城邦的未来执政者，候选人 30 岁之后方可接受为期 5 年的辩证法训练，因为年纪大些，就会学得审慎，有了分寸，避免因冲动而盲目与人辩论；之后再接受为期 15 年的公务训练，习得种种实践智慧，直至 50 岁时大功告成，走上管理岗位。[2]柏拉图和色诺芬还劝诫年轻人从政之前应学习该学的知识，须为此付出艰苦努力。[3]从以上种种言辞可以判断，古希腊哲人对年轻人介入政治（即变成政治青年）没多少好感。弑父文化虽源于俄狄浦斯，但向老人的权力发起挑战，此方案的正式执行者，正是马基雅维利及其继承者马克思。[4]

年轻人聪明敏锐，但冲动莽撞，大多挣扎于底层，对社会弊病感触最深，对什么都看不惯，因人生阅历稀薄而易于被操控、被利用（俄国革命前夕的社会骚动，德国国家主义的兴起，背后均有青年运动的身影），其愤怒情绪一旦被点燃、被煽动，凭血气之勇将情绪引向行动，立马变为革命激进分子，成了不折不扣的政治愤青，恣行无忌，任性妄为，掀起猛烈社

1 柏拉图《书信 7》324B–325D。

2 柏拉图《国家篇》539B–540B。

3 柏拉图《阿尔喀比亚德前篇》132B；另见色诺芬《回忆苏格拉底》IV.2：6–8。

4 潘戈：《政制与美德》，第 22—23 页。

会风暴。

尼采对此看的明白，他将年轻人比作“爆炸的人”：

> 若念及青年人的力量随时处于可能爆炸的状态，那么，当看见他们在决定做这件事或那件事并不是精心地选择，也就毫不足奇了。吸引年青人的东西是做某件事的热情——宛如燃烧的导火线，而非事情本身。所以，精明一点的误导者善于向青年人许诺爆炸，而免谈干事情的理由；若谈理由，他就得不到这些火药瓶了！[1]

年轻人对未来满怀希望，追求自由，崇尚叛逆，挑战权威，天性具有政治理想主义倾向。阿里斯托芬笔下的青年苏格拉底相信知识的力量，知识具有普遍疗效，可以治愈社会溃疡，因而苏格拉底是“理性主义的原型，也是乐观主义的原型”，相信知识能够使世间诸恶“变得无害”，相信这个世界可以趋于完美，变成“所有可想象的世界中最好的世界”，哲思“不仅完全能够理解存在，而且甚至能够校正存在”。[2]若说阿里斯托芬笔下的苏格拉底形象多多少少有夸张成分，青年柏拉图实实在在经历过政治理想主义的不堪体验。

撰写最后一部著述《法律篇》时，柏拉图已近耄耋。《国

1　尼采《快乐的知识》，第 38 节。

2　斯特劳斯：《苏格拉底与阿里斯托芬》，第 6 页。

家篇》是苏格拉底与两位青年的对话,《法律篇》是三位睿智老人的对话(开篇对法律起源的追问，即点明老人是传统习俗的维护者，宗教信仰的监管者，融智慧、经验、权威于一身)，剧情人物的调整，哀婉道出晚年柏拉图对未竟之志的苦痛心境，亦显出晚年柏拉图对政治现实的透彻思考。《国家篇》安排老人克法洛斯提前退场,《法律篇》三位老人进入政治讨论时，拒绝年轻人入场，这种戏剧性转变，除了汲取苏格拉底被指控败坏青年的教训，另有一层微言大义，[1]《法律篇》雅典来客指责克里特人时点明：不知何为正常爱欲的青年，特别易于变为政治青年，颠覆城邦传统价值，煽动革命。[2]

青年苏格拉底由于缺乏人生经验而不懂得与他人交往，甚至不解风情，不懂得享受生活。[3]成年后的苏格拉底是否知晓了爱欲的秘密？是否理解了城邦生活的价值所在？《国家篇》那位出走而又返回的洞穴囚徒，正是对成年苏格拉底

1 详见潘戈:《政制与美德》, 第 22–23 页；参见布鲁姆:《人应该如何生活》, 第 29—30 页。

2 柏拉图《法律篇》636B。

3 参见柏拉图《高尔吉亚篇》484D、486C 卡利克勒对苏格拉底的指责："苏格拉底，如果你在年轻时有节制地学习哲学，那么它是一样好的东西，但若你超过必要的程度继续研究它，那么它能把任何人给毁了。如果一个人天赋极高而又终生追求哲学，那么它一定会丝毫不熟悉做一名绅士和杰出人物要有哪些修养。这种人对他们城邦的法律一无所知，也不知道在公共场合和私下里该用什么样的语言与他人交往，更不明白人生享乐和风情，总之一句话，他们完全缺乏人生经验。"

的直观说明（也就是柏拉图而非阿里斯托芬笔下的苏格拉底）。洞穴居民是一群稀里糊涂过日子的人，走出洞穴的那位囚徒则是众醉独醒的哲人。洞穴之内是一隅自洽的常人世界，亦是由不同意见构成的政治世界；洞穴之外，则是一片开阔的、可供哲人不懈探索、不断质疑的哲学世界。那么，哲人该如何处理两个世界的关系？

回归洞穴，可视为重返常识世界。曾一度花大力气探寻理念的智者（逼视太阳的苏格拉底），自觉走入纷扰且昏暗的尘世，果敢担当城邦事务，履行公民职责（如芝诺的劝导："智慧者应走入公共领域"），不再以高高在上不食人间烟火的准哲人王自居，而自觉"堕落为"一介城邦居民，一位有七情六欲的普通公民，眷注欣欣向荣的尘世生活，同情性理解世人的卑微需求，想凡人之所想，不仅要关心个体的生活，亦要关心其生活方式，更要关心其灵魂的卓越，并尊重城邦所尊重的价值，清醒认识城邦的需要，增进城邦的幸福，为其"提供日常生活的建议"，努力使政治更富人性化。

柏拉图《斐多篇》充斥着贬低肉体的声音，无意间却透出两性之欢的可贵：

> "世上多数人准以为活一辈子不享受肉体的快乐，就活得太冤枉了。谁要是对肉体的享乐毫不在意，他就和死人差不多了。"

“这话很对。”[1]

此句主语是“世上多数人”，而非哲人。“世上多数人”当然就是广大痴男怨女，也就是普通人——普通人当然对食色兴致甚浓。[2]哲人与“世上多数人”皆充满狂热的爱欲激情，哲人毕竟是哲人，之所以与“世上多数人”不同，乃因哲人的爱欲更多是针对哲学的激情。亚里士多德相信过上哲思的静观生活是通向最高幸福之途，又认为身体的快乐是最可取的，值得欲求，并为之提交两项辩辞：1. 身体的快乐“具有医疗性”，能够驱逐痛苦；2. 很多人无法体验身体快感之外的其他快乐。[3]因理知能力的阶梯式差异，哲学只能是少数智者的事业，每个人都过哲学的生活，从沉思中获取快感，既不可能，又不正常，更不现实，[4]倘若常人被硬生生拽向高空，拽到苏格拉底坐在吊篮中逼视太阳的高度，就会头晕目眩，不知所措。[5]

1 柏拉图《斐多篇》65A。

2 城邦中的绝大多数人被欲望、快乐和痛苦所支配（柏拉图《国家篇》431C）；另见《斐莱布》67B。

3 亚里士多德《尼各马科伦理学》1154a25–1154b5。此论之前，亚里士多德提及“肉体快乐据有了快乐的总名，因为，它是我们接触得最多且人人都能够享受的快乐。所以，人们就认为只存在这些快乐，因为他们只知道这些快乐。”1153b35–1154a2。

4 柏拉图《国家篇》494A。

5 柏拉图《泰阿泰德》175C–D。

既然大多数人没有能力超越肉体的快感，而政治共同体的秩序又以意见为基础，那么，城邦政治当然得顾及大多数人的生活感受，其治理法则不能违背人性原则，扼要说，城邦政治必须保留属人的特性。《尼各马科伦理学》卷七第11章开篇写道："快乐和痛苦是政治哲学家考察的对象。"[1]此言含蓄而有深意。为何是政治哲学家而非政治家或哲学家？要知道，该词在亚里士多德伦理学这部鸿篇巨制中，是唯一的出现，显然属于有心之举。亚里士多德对快感的笃而论之，是为"快感恢复名誉"，可是，亚氏的论说"既不是讲给积极投身政治的人，也不是讲给哲学家同行听的，而是讲给那些有潜力将政治事务哲学化的有心读者听的"。[2]对亚里士多德而言，优良政体（或生活方式）"不是普通人所不能实现的或必须具有特殊天赋并经过特殊教育才能达到的标准，也不是那些认为只有理想的政体才能达到的标准"，而是"大多数人所能实践的生活以及大多数城邦所能接受的政体"。[3]在第俄提玛的教诲中：爱欲是理念，其他事物乃其摹本。为避免哲学趋于极端而破坏政治秩序，也是为了保护哲学，哲人理应学会审慎言说，付诸实践智慧，回归"清明"与"温良"的政

1 亚里士多德《尼各马科伦理学》1152b1。

2 盖拉：《亚里士多德论快乐与政治哲学》，《城邦与自然》，第165–166页；另见特西托勒：《德性、修辞与政治哲学》，第89–90页。

3 亚里士多德《政治学》1295a26–31。

治常识，改善而非颠覆或毁灭一个有缺陷、不完满的社会，[1]这恰恰是对哲学最纯正的爱欲。[2]

苏格拉底喜欢接近年轻人，其中俊美者居多，但苏格拉底对年轻人的爱欲是以“哲学之爱”去爱年轻人，[3]做“生命和真理”的接生婆，“引诱”年轻人热爱智慧，辨别真伪，[4]故苏格拉底被誉为思想的助产士。女巫第俄提玛、智叟巴门尼德、诗人阿里斯托芬亦扮演助产士角色：催促苏格拉底成熟起来，由自然哲人转向政治哲人。苏格拉底临终时，有如下一段遗言：“以后啊，我不想追究真实了。我决计要小心，别像看日食的人那样，两眼看着太阳，看瞎了眼睛。他得用一盆水或别的东西照着太阳，看照出来的影像。看太阳是危险的。”[5]苏格拉底放弃逼视太阳，是他的第二次起航，其临终遗言亦是对哲人的告诫：返回洞穴，进入政治常识世界，由仰望天空转向亲吻大地，一种不接地气的政治哲学只会危及政治生活。

健康的政治建制与政治秩序，必须基于常识，沾染泥

1 甘阳：《政治哲人斯特劳斯：古典保守主义政治哲学的复兴》，斯特劳斯：《自然权利与历史》，第 78 页。

2 以施特劳斯的说法，哲人的智慧必须被群众的意见所稀释，“城邦需要哲学，但仅限于借助中介或者间接的方式，甚至是经过稀释的哲学”。施特劳斯：《论柏拉图的〈会饮〉》，第 12 页；《古今自由主义》，第 14–15 页。

3 柏拉图《斐德若》249A。

4 柏拉图《泰阿泰德》149A 以下。

5 柏拉图《斐多篇》99D–E。

土气息。政治世界作为独立、自足、特殊、封闭的世俗社会，充满纷扰意见，是一个经验的世界，哲学位处超宗教、超政治、超道德、超功利的开阔地带，其职责是审查种种论点，考究其隐含之意，悬置判断，而不为先入之见的观念所迷惑。善是政治的原则，良好秩序是政治共同体的基础，因而哲学对政治生活的引导和改善，前提是尊重常识，回归常识，正如洞穴隐喻所要表达的："一种毫不接触墙上影子的哲学，只能形成一种贫瘠的乌托邦。"

（3）

阿里斯托芬笔下的苏格拉底是年轻的、非爱欲的自然哲人；柏拉图笔下的苏格拉底是成熟的、富有实践智慧的政治哲人；色诺芬笔下的苏格拉底则是一位普普通通的真正公民。[1]在这一序列中，苏格拉底不断朝下堕落——从天上堕落到地上，再由地上堕落至洞穴之内，是爱欲将其从玄思的云端拉下。而苏格拉底的攀谈对象也耐人寻味，柏拉图总是安排苏格拉底与高级知识分子挥麈玄言，色诺芬则让苏格拉底穿游于市井之间，与俗人拉拉家常［如匠人、名媛(《回忆苏格拉底》)，或艺人、小丑(《会饮》)］，然而，这正是色诺芬写作的技高一筹，亦是成年苏格拉底的通达谙练：将智慧的棱角藏入

1 施特劳斯:《苏格拉底问题五讲》,《古典政治理性主义的重生》，第198—190页。

普通公民身份之后，敛锷韬光，不露锋芒，此乃成熟哲人的审慎表现。

尼采笔下的查拉斯图拉隐居山间十年，决计下山、走入人群，降至尘世最深处，开始了“堕落”之旅。不断向下的堕落运动，早已渗入古典哲人的写作技艺，色诺芬、柏拉图、亚里士多德的著述皆经历了这种“堕落”：柏拉图《国家篇》从“理念”（第六卷）下降到“洞穴”（第七卷），从“令人目盲的最高原则”退回到“黑暗中的阴影世界”；亚里士多德《尼各马科伦理学》从“德性的世界”（第六卷）下降到“性情的世界”（第七卷前半部分），再下降到“快感的世界”（第七卷后半部分），从层层推衍的伦理建构，折回到人之“趋乐避苦的自然倾向”，即属人的欲求本能。[1] 色诺芬《回忆苏格拉底》卷三可谓经典，将“堕落”的写作技艺练就得炉火纯青，在色诺芬的安排下，苏格拉底的交谈对象先是无名氏（第1–3章），其次是友人（第4–5章），接着便是门人（第6–7章），然后到达哲人（第8章），高峰是苏格拉底的独角戏（第9章），之后便迅速堕落到匠人（第10章）、美人（第11章），最后再由友人（第12章）回到无名氏（第13–14章）。从谈话内容看，从军事（第1–5章）上升至政治（6–7章），再由政治上升至哲学（第8–9章），完成整卷最具思辨味道的哲学探究之后，急剧下降到“奇技淫巧”（第10章），甚至堕落至“打情骂俏”（第11章），最后由交

1 伯格：《〈尼各马科伦理学〉义疏》，第205—206页。

际花赛阿达泰“美丽的身体”转向忘年交艾皮根奈斯“垮掉的身体”，以体育锻炼和饮食节制作为全卷收场（第12–14章）。[1]

寓意深长的是，交际花赛阿达泰简直就是苏格拉底的镜像。苏格拉底问她何以为生？答曰：靠朋友资助。苏格拉底不也如此？两人同样需要友人的慷慨解囊，但赛阿达泰的生活要比苏格拉底的奢侈许多；两人同样拥有爱欲技艺，但苏格拉底的要比赛阿达泰的高明许多；而且两人都不是随便与人交往，除非被说服，但被说服的方式方法大不同。赛阿达泰希望与苏格拉底保持“长期合作关系”，共同猎取朋友，却因提不出充分理由被婉拒，赛阿达泰便期待苏格拉底常来造访，则被苏格拉底以“事务太多极不易得到闲工夫”和“许多女朋友昼夜纠缠自己”这两条相悖的理由糊弄过去。临别时，[2] 苏格拉底仍以开玩笑方式，巧妙回绝赛阿达泰的引诱，却话藏玄机：

> 赛阿达泰：我要……把你吸引到我眼前来。
>
> 苏格拉底：哪里的话，我是不愿被你吸引的，你应该到我这里来。
>
> 赛阿达泰：我就到你跟前来，可是你要让我进来呀。

1　参见施特劳斯：《色诺芬的苏格拉底》，第51—83页。

2　“鉴于苏格拉底及其同伴都巴不得摸一把所见之人，才会激动不已地离开。”施特劳斯：《色诺芬的苏格拉底》，第78页。

苏格拉底：只要我身边没有比你更可爱的女朋友，我总会让你进来的。

《申辩篇》声明自己一无所知的苏格拉底，却在《会饮篇》坦承“什么都不知道，就只知道爱情”，[1]《吕西斯篇》自认诸事一无所成的苏格拉底，却说在爱情方面，练就了看出谁陷入了爱河的本事，[2]他还宣称谂悉“恋爱术”，并现场讲解爱欲技艺，[3]这的确够奇怪。苏格拉底生活于一个民主社会，却因自由言论而获罪，罪名之一是腐蚀青年。什么最容易腐蚀青年？自然是爱欲！苏格拉底很可能私下传授有关爱欲的知识，解青年学子的求知之渴，因之横遭道德法庭的无端指控（出席这次会饮的吕克昂，即少艾奥托吕克之父，正是控告苏格拉底的三人帮之首，可以推测，苏格拉底在宴会上关于爱欲的谈话成为原告的呈堂证供）。苏格拉底还被指控将一位新神引入城邦。这位新神是谁？莫非是一位比爱神厄洛斯更具爱欲气质的神明？一次宴会中，阿伽通让狄奥尼索斯作判官，定夺苏格拉底与阿伽通谁更智慧。[4]为何请出酒神？莫非是在争夺谁更具有爱欲智慧（或爱情技艺）的桂冠？种种迹象表明，苏格拉底是一

1 柏拉图《会饮篇》177D。

2 柏拉图《吕西斯篇》204C。

3 详见色诺芬《回忆苏格拉底》III.11。

4 柏拉图《会饮》175E。

位颇有节制的“好色之徒”，[1]一位最具爱欲气质的哲学名家。[2]有趣的是，与柏拉图这位稍有禁欲倾向的哲人不同，色诺芬和师尊同样是够格的“登徒子”，当苏格拉底指责两位俊美之人的狎昵举动时，色诺芬居然为这种行为开脱，表示自己都想跃跃欲试，品尝一下与美人亲嘴咂舌的滋味；[3]色诺芬还迷恋过克雷尼阿斯，当他欣赏克氏容貌时，世间一切最美之物阒然失色，以致色诺芬如此告白：“我若独自一人凝视他，我情愿其他事物变得模糊不清”。[4]

可供细味的是，色诺芬在会饮现场插入一曲戏剧性转折。众人“七嘴八舌议论”智慧是否可教，这原本是苏格拉底的拿手话题，此时却引不起他半点兴致，苏格拉底打断众人谈话，要求暂且放过这一论题，以便专注于叙拉古杂耍班子即将上演的节目。苏格拉底欣赏刺激节目（女子舞环）时不忘给出教诲：女子不必不如男子，“就这一点而言，你们当

1 有则轶闻：一位面相师见到苏格拉底，说他贪恋女色，站在一旁的阿尔喀比亚德大笑不已，苏格拉底却认为说的对。柏拉图《阿尔喀比亚德》，第136页，注释4。

2 苏格拉底对迷人的阿尔喀比亚德甚是迷恋，得手后不离不弃（柏拉图：《普罗泰戈拉》309A）；一次赛会之后，玻勒马霍斯邀请苏格拉底来家坐坐，苏先是不肯，玻勒马霍斯便以“这儿有不少年轻人”为诱饵，令苏格拉底爽快答应（柏拉图《国家篇》328B）；与俊美的克里托布鲁肩并肩、头靠头，居然坐怀不乱，安心读书。色诺芬《会饮》IV:27。

3 色诺芬《回忆苏格拉底》I.3:10–11。

4 拉尔修《名哲言行录》2.49。

中有家室的人便可以好好用心教自己的老婆所需要了解的事物”。据一种解读，苏格拉底此语隐讳表达性事。苏格拉底不接“智慧是否可教”这个茬，反而转向云雨高唐，难道爱欲比智慧更值得一顾？情色大宗师苏格拉底曾向红极一时的艳女赛阿达泰（雅典著名将领阿尔喀比亚德的情妇）传授如何俘获男子之道，[1]还打算请来名噪四方的风尘女子阿斯芭希娅（雅典著名领袖伯里克利的情妇）化导男子如何做一位合格的丈夫——苏格拉底以为这种引荐工作比教授知识更重要。[2]

应该认真对待苏格拉底在会饮中的戏谑，特别留意“不正经”处泄露的弦外之音。希腊文“拉皮条”，亦作“中间人”，其工作就是引荐，在人际之间穿针引线（皮条客不仅要处理城邦内部关系，也要处理城邦之间的关系。亚里士多德《政治学》提到：城邦之间通婚，可将不同城邦联合为整体，反之，若处理不好婚姻关系，很可能引来革命[3]），使邦民过上完满而谐美，安康且至善的幸福生活。苏格拉底在第四章收尾时的言论，可视为对皮条客职责的定义：“假如一个人可以分别面对两个人并且使这两个人相互有好处的话，那么，他就能够使这两个人相互爱慕。在我看来，这种类型的人也可以使不同的城邦相互友好地联合，也可以借助于利益从而使不同的人结成同盟，总

1 色诺芬《回忆苏格拉底》III.11:5–14。

2 色诺芬等：《色诺芬的〈会饮〉》，第 85 页，注释 2；见色诺芬《家政》III:12–14。

3 亚里士多德《政治学》1303b20–1304a15、1306a30–35。

之，也可以使那些城邦都能够有所得，使那些亲朋好友都能够得到好处。”第八章最后，苏格拉底对卡里阿斯提出若干建议：如何保持与奥托吕克更其长久、更其热烈的愉悦关系。卡里阿斯与奥托吕克此时含情对望，随后向苏格拉底晓示敬意：“真的要感谢你，你的确像个中间介绍人一样把我引荐给这个城邦，使我能够参与城邦事务，也使我可以尽享这座城邦的善意。”卡里阿斯此话再次提请读者注意，苏格拉底的的确确是位技艺高超的皮条客，担当了卡里阿斯与城邦的媒人，将卡里阿斯的爱欲引向政治，参与公共事务，赢得邦民的尊敬。[1]

柏拉图《泰阿泰德》中的苏格拉底自认是一位助产士，助产士不仅帮人接生，而且“是最能干的媒婆，能准确无误地给男女配对”，拉皮条的声誉虽说糟糕，然而，只有真的产婆才能成为好的皮条客。苏格拉底无疑是皮条客中的翘楚，并为拥有这门技艺而自喜，苏格拉底能准确猜出谁对谁有好处，对此，自己“一点都不吹牛”，因为他已成功将许多青年人介绍给一些贤人，相互结识获益。[2]柏拉图《会饮篇》提及爱神厄洛斯的身世：阿芙罗蒂忒诞生时，诸神设宴恭贺，聪明神之子丰饶神酒后昏沉睡去，贫乏神趁机与其结合，怀

1 参见斯特劳斯：《色诺芬的〈会饮〉》和巴雷特：《论色诺芬的〈会饮〉》，分别见色诺芬等：《色诺芬的〈会饮〉》，第 253、266 页。

2 柏拉图《泰阿泰德》149A–151B。

上了爱神。既然厄洛斯是贫乏神与丰饶神之子，一方面具有母亲的特性：穷困，赤脚，相貌丑陋，无家可归，经常风餐露宿；另一方面传承父辈的禀赋：勇敢，聪明，百折不挠，迷恋善和美。爱神自知无知，却终身追寻智慧，因而介于无知与有知之间。[1]柏拉图笔下的爱神，不就是活脱脱的苏格拉底形象？厄洛斯作为阿芙罗蒂忒的仆从，是神与人之间的沟通媒介（正如赫尔墨斯是神界与人界的信使，拿撒勒先知是人与神的中间人），而色诺芬《会饮》的苏格拉底，干的正是这样的活：将爱欲引入政治，并在人际之间“穿针引线”，甘愿做沟通中介。

会饮已近尾声。叙拉古艺人装扮成黑暗之神狄奥尼索斯及情人阿里阿德涅，为在座各位示范一出大胆露骨的本色表演（诸位认定男孩女孩确是幸福一对，两位“已经不再是模拟那种训练有素的表演”，而“做着他们长久以来心里一直想要做的事情”。柏拉图《斐德若篇》可做补充：爱情是神圣的，有爱情的人来往有福了，“若和没有爱情的人来往，双方的关系就混杂着尘世的小心谨慎和尘世的寒酸打算……”），搞得宾客火烧火燎，未婚男子发誓一定尽早娶上美眉，已婚男子则跳上坐骑，策马加鞭，赶忙朝家奔去，急着和爱人嘿咻一番。叙拉古艺人在这里似乎充当了皮条客的角色，加速男女之间的结合。较之饮食，色欲虽然最迟产生，

1　柏拉图《会饮》204D–E。

但它最能使人疯狂[1]：

> 苏格拉底：还有什么快感比色欲更大更强烈的吗？
> 格劳孔：没有，没有比这个更疯狂的了。[2]

宴会就此结束。苏格拉底留下了，他没敢回家，个中缘由想必是清楚的。克珊熙蒲这位古希腊著名悍妇令苏格拉底头疼不已，常被众人拿来开涮，席间，安提斯蒂尼专就此事再度调侃苏格拉底，苏氏的应对也着实高明："我所要解决的是人的问题……所以，我首先要挑选这样一位老婆；我很清楚，如果我可以容忍她的话，那么不管别的什么人，当我和他们处理关系的时候，我都不会感到困难。"[3]

苏格拉底所要解决的"人的问题"是什么问题？不就是对人性的理解。《斐多篇》的苏格拉底告知在场门徒，如何正确与人打交道，基于对人性的正确判断：

---

1 柏拉图《法律篇》783A。

2 柏拉图《国家篇》403A。

3 苏格拉底还有另一说法："正如驯服烈马后，就能轻而易举地驾驭其他马匹，我也一样，和克珊熙蒲待在一起，使我学会了调整自己，以适应其他任何人。"拉尔修《名哲言行录》2.37。尼采就此恶损苏格拉底一通："哲学家结婚是喜剧性的，苏格拉底是个例外，他是个歹毒的人，玩世不恭地结了婚……"[德]尼采：《论道德的谱系》，谢地坤译，桂林：漓江出版社，2000年版，第83页。

> 厌恶人类是出于知人不足而对人死心塌地的信任。你以为这人真实可靠，后来发现他卑鄙虚伪。然后你又信任了一个人，这人又是卑鄙虚伪。这种遭遇你可以经历好多次，尤其是你认为最亲近的朋友也都这样，结果你就老在抱怨，憎恨所有的人了，觉得谁都不是好人。……假如一个人还不识人性，就和人结交，他干的事就是不漂亮的，这不是很明显的吗？假如他知道了人的性情，再和人打交道，他就会觉得好人和坏人都很少，在好坏之间的人很多……[1]

对人性的认识有助于与人打交道，并在面对面的人际交往中，方可触摸到最真实的人性复杂（而政制的设计，必然涉及对人性复杂的深度理解），当苏格拉底认识到这点后，思考开始转向：对人是什么（谁）的追问，过渡到在人际遭遇（关系的人生）中追问人是什么？由于人际遭遇，人之自然属性转至人之伦理属性，当苏格拉底说出“认识自己”时，标志着苏格拉底的成熟，亦标志着古希腊哲学由天上回归凡间，由自然哲学转向人事哲学[2]（由阿里斯托芬所讽刺的青年苏格拉底，成长为尼采所诅咒的成年苏格拉底），换言之，由“田园草木”转向“城里的居民”，最终落实为对伦理的关切（亚里士多德评论道：“苏格拉

1 柏拉图《斐多篇》89D–90A。

2 施特劳斯：《苏格拉底与阿里斯托芬》，第330页。

底致力于伦理学，对整个自然法则不再过问”[1])。苏格拉底师承自然哲学家阿那克萨戈拉和阿尔刻拉俄斯，后放弃自然学转向伦理学，因为研究自然的意义不大。[2] 苏格拉底的受审是这一转向的标志性事件，立于法庭中的他，当众指责智术师们争执于自然哲学，而漠然于人的事务。[3]

会饮的启示

施特劳斯相信政治哲学是第一哲学，列维纳斯认为伦理学是第一哲学，二者说法虽则不同，但落脚点一致。施特劳斯《〈齐家〉义疏》开篇有言：“政治哲学的伟大传统源于苏格拉底。据说，为了让自己完全致力于对伦理问题的研究，苏格拉底全然漠视‘自然’整体。他的理由似乎是这样的：人们并非一定需要了解万物的本性，但他必须得关心如何过个人和群体生活。”[4] 显然，“万物的本性”是自然学的研究对象，“如何过个人和群体生活”则是伦理学的探讨话题。亚

1　亚里士多德《形而上学》987b1。

2　拉尔修《名哲言行录》2.19、21，亦见 1.14。

3　色诺芬《苏格拉底回忆录》I.1:1–16。西塞罗写道：“由于前苏格拉底关注数字和运动，探究事物来自何处、去向何方，苏格拉底是第一个将哲学从天上唤到尘世之人，他甚至把哲学引入寻常人家，迫使哲学追问生生与习俗，追问好与坏。”

4　施特劳斯：《色诺芬的苏格拉底言辞》，第 97 页。

里士多德以为：伦理学是政治学的前提，亦是政治学的最终目的。[1] 因为国家正义的基础是人际正义，而如何设计政制，取决于如何理解人性，如何提升人性。

政治学（politics）词源来自古希腊语“城邦”（polis），这或可解释苏格拉底为何只对城邦居民感兴趣，因为政治学“关涉到那些生活在城邦中的人，而非生活在乡村中的人”[2]，更非乡村的“田园草木”，苏格拉底由自然人走向政治人，并以常人的眼光看待政治，他所以首先“研究自己”，乃在于“认识自己”，只有清楚认识了自己，方可处理好与他人的关系。[3]

哲学是爱欲，“哲学是作为对爱的爱，是一种由他者的面孔所教会的智慧”（列维纳斯）。“关系”乃人际的最基层特征，亦构成伦理学的最基本主题。与他者的相逢与遭遇是强制的，不可回绝，人因“关系”而规定了人，并决定了人的最终状态，而城邦能否和谐的关键缘于人际是否和谐。对古希腊人而言，公民之间的友爱是优良城邦生活的基本要求，

---

1 “政治学本来是一切学术中最重要的学术，其终极目的正是为大家所最重视的善德，也就是人间的至善。”亚里士多德《政治学》1282b14–15。

2 布鲁姆：《爱的阶梯》，柏拉图《会饮》附录，第 135 页。

3 人际之间的相互理解是否体贴，取决于自我在何种程度上领会了自己。［德］海德格尔：《存在与时间》（修订译本），陈嘉映、王庆节译，北京：生活·读书·新知三联出版社，2012 年第 4 版，第 145 页。

亚里士多德以为：政治活动的任务是使人际和睦，[1]友爱使城邦融洽，较之公正，立法者“更重视友爱”，其目的在于“加强类似于友爱的团结，另一方面则是致力于仇恨的消除”[2]，“世上倘若没有友谊，就不成其为社会；如今仇恨代替了友谊，人们就是行走也不愿取同一条道路”。[3]晚年德里达受惠于亚里士多德的友谊说，并与施米特的敌友论针锋相对，提出友爱政治学。[4]所谓人际融洽，就是正确、得体、妥善、圆润地搞定复杂人际；所谓人际败坏，就是处理不当，因关系的匮乏而导致人际出现故障，该隐因嫉恨杀掉兄弟亚伯，这是人类首例因关系朽掉而孵出的残酷暴行。

未与他人发生关系之前，处于一种缺失状态，作为缺失的我，须置于种种社会网络，建立、发展、维系与他人的相与状态。鲁滨逊从食人族手中夺回星期五的性命，然而，难道不可以反过来说，恰恰是星期五拯救了鲁滨逊，使其脱出绝望的、恐怖的、令人窒息的孤寂状态？

人之本性趋于社会生活，唯有置于人际，才能认识自

1 亚里士多德《优台谟伦理学》1234b23。

2 亚里士多德《尼各马科伦理学》1155a20–25。

3 亚里士多德《政治学》1295b24–25。另见柏拉图《阿尔喀比亚德前篇》126C，苏格拉底问：如何使城邦更好？阿尔喀比亚德答：邦民相互友善，远离仇恨。

4 [法]德里达：《〈友爱的政治学〉及其他》，胡继华译，长春：吉林人民出版社，2006年版。

己，且唯有置于城邦，才能发展自己，获得个体与共同体的善。亚里士多德视人类为群居动物，凡自外于人际的“孤家寡人”非神即兽。倘若没有与社会发生实质性的关系，如何谈得上自我认知？“人性本身就是社会性”，[1]人之在世状态是人际的存在，并纠缠于人际，获取愉悦同时换取痛苦，避免此痛的最简单有效措施是离群索居（或小隐于野，或大隐于市），单方终止社会交往，过一种静谧的生活。然则，个体的独处，几乎不具备这种可能，出于情感需要也好，出于利益诉求也罢，多少涉入与他人的交往。我思是一位孤独个体，却是不彻底的孤独者，即便独处，仍与他人发生关系，至少是想象中的关系，因而，“我思”仅仅是认识论的建构，而非真实的生存论基点。[2]

关系决定着人，而非人决定着关系，且人之价值只能在关系的序列中予以实现。人际交往是动态的、可变的、不确定的，因发生偶然链接而幻化出无穷多样性和无数可能性，故人际先于个体。邦民如何更好地共同生活才能构成正义的城邦？这一探究主题自古典政治哲学以降不曾断过。“我”与“他人”的关系究竟怎样？如何遭遇？又何以相处？一系列话题引发20世纪学人的不懈关注，并由话题带出话题，

1　施特劳斯：《自然权利与历史》，第130页。

2　独在“也是在世界中共同……独在是共在的一种残缺样式，独在的可能性恰是共在的证明。”海德格尔：《存在与时间》，第140页。

如舍勒和德勒兹的“他者论”、罗蒂的“我们是谁？”、哈贝马斯的“主体间性”，而查尔斯·泰勒的论述思路与列维纳斯大致相同，以“认同”（确定我们是谁）与“承认”（对他者的承认）对应列维纳斯的“总体”与“无限”……自“文明冲突论”甚嚣尘上，强化对此问题的关注。“他者”问题缘何引发如此论争？弗洛伊德早已给出答案：人际关系乃最大痛苦来源。[1]良好的人际是互惠（而非“双赢”），但这只是理想状态中的关系，现实生活中时时遭遇的是冷漠与敌意。

（1）

我的原初经验，是偏见、自我中心的——我先于周遭一切，他人裸露、暴露我面前，纳入我的利益范围，由我处置。何为“唯我论”？“每一种关于存在什么和我知道什么的主张都是基于经验，不能超越经验，但经验对我而言是直接和私有的；因此在我和我的经验之外别无他物存在。”[2]唯我论是独居的世界，世界是我的世界，只见我所见的世界，以我的眼睛为基准，万物有了区别与联系，被我规定、被我表象，于是我与世界处在对峙的撕裂状态——后者要么从我思角度被裁决；要么从实践角度被动用。

1　弗洛伊德：《文明及其缺憾》，第 16 页。

2　尼古拉斯·布宁、余纪元编著：《西方哲学英汉对照辞典》，“唯我论”词条，第 940 页。

我与世界的关联经由表象维系，并经由表象运作，每人皆以自己的视角关照事物，站在自我立场启始“我思”之路，获取准确知识，纷扰随之而来，因为“诸意识之争始于我思”[1]；且当以我的目光理解他人，他人只是我的经验显现，或另一个“我”的投射，推己及人，推出的仅是“他我”，这正是列维纳斯的质疑：传统哲学不是遗忘了存在，而是遗忘了他者。列氏虽以现象学起家，却看到现象学是“唯我论”的哲学，“现象学家所遭遇的世界是被照亮、理解、洞悉和拥有的世界”[2]，故列维纳斯并非指出一种关于现象（光照之下作为知识的对象）的哲学，而是提呈谜样的哲学，其思想致力于遭遇那一直被传统哲学压制之物：他者问题——他者意味什么？

专注并沉迷于我的需求时，我却“迷失”了自我，作为唯我论的视觉伦理学亦如此，最终反将自身遗忘，眼睛自我遮蔽，看不见自我，目光如同一束光亮，朗照事物，唯独照不见本人。当革命之光炯耀反革命时，革命能够理解革命么？

对自我的合法化，有赖于树立一个对立面，并对之加以拒斥，这正是革命政权的运作模式。革命者以唯我论的方式心系全人类，普济众生，却犹如无知、刚愎、暴戾的俄狄浦

1 梅洛—庞蒂：《知觉现象学》，第447页。

2 戴维斯：《列维纳斯》，第26页。

斯，同样的执着于光明，同样的自诩为神明，代天立言，为人类伸张正义，全然意识不到凡人的局限，想以一双尘世肉眼获取全知，僭越神位，以人的智商来透视神的智慧，甚至取代神的意志，自以为有能力改造现实，改造人性。殊不知，被视为“人民的救星”、“全能的主上”的俄狄浦斯竟对自己的命运盲然无视，虽有眼却无珠，“睁着眼睛看不见自己的罪孽”。

俄狄浦斯破解了斯芬克斯之谜，凭自身智慧扭转人生，被拥戴为一国之君；培根则破解了俄狄浦斯之谜：“凡能够彻底洞悉人性的人，几乎可以随意改变自己的命运”，奥古斯都亦如此，“他最善于政治谋略，在生活中曾恰到好处地成功解答了许多关于人性的谜。如果当时没有老练地立即处理这些谜的话，他将会有好多次面临毁灭的危险”。[1]

俄狄浦斯毕竟没有以哄骗或欺诈，更没有动用武力或暴力方式夺取政权，而是凭借智慧，破解了人性之谜，登上权力之峰，风光无限。但俄狄浦斯作为僭主的典范，[2] 其统治基础是对黑暗的反抗，降服了为害城邦的斯芬克斯，将人民从水深火热中解救，却因自己的罪孽，重将人民推入灾难之中，使众庶饱受瘟疫之苦。荣登权力宝座的俄狄浦斯容不得

1　培根：《论古人的智慧》，第 75 页。

2　伯纳德特：《索福克勒斯的俄狄浦斯王》，汉广译，刘小枫、陈少明主编：《索福克勒斯与雅典启蒙》，北京：华夏出版社，2007 年版，第 141 页。

半点异议，听不得一丝反对声音（如，先知克瑞翁好言相劝，俄狄浦斯则恶语相加，态度蛮横），既视自己为城邦之主，又视自己为人民之父，此时的他显然不认识自己——虽然破解了人性之谜，却破解不了自我之谜，在唯我论中迷失了方向。

不过，冒犯神明的俄狄浦斯到底还是有自知之明的，勇于承担责任，愿以高贵的姿态面对真理，凶案一经水落石出，也是俄狄浦斯认识自我之时，他以剥夺观看的方式，为自大、轻狂、骄横的行径买单，为僭妄赎罪，认清本人“并非‘知悉一切、解释一切’的神明，仅仅是个弑父娶母的罪人而已”。[1] 俄狄浦斯曾经诅咒盲者先知忒瑞西阿斯：“漫长的黑夜笼罩着你一生，你伤害不了我，伤害不了任何看见阳光的人”，未料，俄狄浦斯本人的命运结局是永久滞留于黑暗，在黑暗中方可洗刷骇人听闻的罪行，这是一种以触觉方式的自我救赎：亲手刺瞎双眼，拄棍摸索，探向前方未知之路。

（2）

何为人性这一尖锐命题，革命匆促给出结论，答案却过于简单。革命随意修改人性，收拾人心，按“政治美德”的要求予以增删，对人之正当欲求却极端无视，像消灭敌人一般将情欲一笔勾销，或将眷爱等同于资产阶级人性论从人际

---

1 刘慧儒：《俄狄浦斯的眼睛》（《读书》，2004 年第 8 期）。

关系中抽除，制作了一具又一具心灵扭曲、尊严丧尽的行尸走肉。然而，革命之所以无法长久，最终被人厌倦、唾弃，原因概在于，虽有革命激情，总觉空虚，因为，与人性分离的事业即便伟大，也无法代替快感的自然伸张与欢享。大面积、全方位剥夺快感，不得人心，不遂人愿，且立于恐惧之上的社会难以维系。爱欲的诱惑是人类的最大诱惑，革命却将爱欲收罗至精密细致的网罟之中，试图封存快感，追剿快感，与人的自然天性为敌，这是一场注定输掉的战斗，没有任何强力能够完全扑杀坚韧、顽强、不可遏制、不可驯服的生命能量，无论是宗教法庭的火刑柱，还是革命法庭的斗批改。

生活由具体而微的快感构成，人际由点点滴滴的利益构成，作为庞大的人性改造工程的革命，对此全然不予理会，欲以道德毁灭生活美感（如同非艺术的青年苏格拉底，革命者一般对美的事物充满憎恨，如卢梭以为文艺是饰满花冠的枷锁，不仅窒息自由，还腐蚀心灵、伤风败俗，且让人对丑陋现实避而不见[1]），并挫败两性意识，要求个体服从“你不应该……”的禁令，并确信，只有浅薄无聊之徒才会纠缠卑下、粗陋、低俗、野蛮的欲望不放，故而告诫：不应也不该涉及此类敏感话题。爱的缺席、快感的缺失、情欲的荒芜，凸显生命的贫瘠，当日常生活被

1 详见［法］卢梭:《论科学与艺术》，何兆武译，上海人民出版社，2007年版。

拽入革命的旋涡，被全盘政治化，是否还有生存空间？对待权力的态度有二：对抗或迎合。难道不可以绕过权力，让权力无从落脚，无从下手？因为，无论拒绝权力还是嫁接权力，皆为对权力的确认。而快感的充分实践是对权力的有效拆卸——不与权力周旋，而是小心翼翼避开权力，让权力自行失效。

快感疯狂消耗能量，同时制造能量，它是一部动态的自由机器，具有生产权利、解构权力的功能，在快感游戏之中消解革命，并以权利制衡权力。快感在窒息的革命氛围中寻求生存空间，一旦小范围、小规模突围，便会野蛮生长。快感实践只要成功逃逸革命的布控，交还个体自由使用，看似牢不可破的革命根基随即动摇——冷酷而暴戾的革命话语被肌肤的体温融化、消释，最终游离日常生活。快感实践是能量的正确引导与放行，为免革命的再度发生，将身体能量倾泻于快感，不失为一种良策，无数对男女分散在黑夜的各个角落，很难被召集聚合干一番惊天动地的光明伟业。快感虽然很形而下，却是对革命的最佳绝缘材料，在快感实践中疏远革命，并侵蚀革命——毕竟，革命的基因并未彻底消失（可看国家根本大法《宪法》第一章第一条），仍遗传至现行体制中，只是暂时处于休眠状态，可随时激活。[1]

1　本书 2010 年底结稿，果不其然，被称为“小文革”的重庆唱红打黑运动横发逆起，因一把手的落马而仓促落幕。

他们的拥抱是一场战斗，高潮就是一次胜利。这是对党的打击。这是一件政治行为。

这句反动透顶的描述出自《一九八四》，恶狠狠羞辱革命一通。快感的挥霍，某种程度上属于“反革命”行为，不仅是对革命的决绝背离，更是对政治的快意调戏，以“吊儿郎当”稀释所有的“一本正经”（一本正经是对自己的不诚实，对他人的不真实）。

任何政治制度的设计不应与人的自然天性作对，人性毕竟不是白纸任由革命者涂抹，人性问题不可以政治方式诊断或以革命手段解决，同样，不能援引道德原则规范人性最真实的欲求，“道德的人不比肉体的人更接近睿智的世界——因为根本就没有这样一个世界”。[1] 快感及快感的享用并非否定的对象，等待革命道德的干预，而是被看护的对象，等待个体的悉心照料与调节。自由而又审慎的快感实践是一门基于肉质的伦理学，是“一门日常生活的艺术”，这样一种个性化的实践，很难被一套社会性规范所框限。

古希腊人乐之津津的会饮，不是简简单单传授一套爱欲的知识，而是推荐一种审美化的生存技艺，教人如何生活，这绝非只是古典人的生活方式，也可以是现代人的生活方式。但古希腊人的生活绝非样板（否则如同革命，旋即沦为被规范

1　尼采：《看哪这人》，第 67 页。

的行为实践），只是提个醒，有一种审美化的生存，而这种生活的艺术已被遗忘许久。

（3）

生命体的快感化、审美化、艺术化，有助于人性的饱满实现，更是注销革命的有效方式——在快感实践中腐蚀社会的严密肌体，在日常生活中找寻分解权力的生存空间。

人性的春天姗姗迟来，颓然失却的享乐意识怃然苏醒，重启快感美学，生命体在丰腴的快感实践中不断诞生、伸展、蔓延、滋茂，并随时保持生活的清醒，以快感的享用程度对世界做出尖锐的估测与评判。作为卓越沟通渠道的快感自由实践，人际之间不再“折腾”，难道还有比这更能有效建构“和谐社会”的方式？！

> 自有人类以来，人类享乐得太少了，兄弟们，这才是有生俱来的罪恶！当更会享受些，才最能忘记伤害别人与制造痛苦两件事。
>
> ——查拉斯图拉

甚至对于尼采，快感享受不仅不是龌龊之事，反而成就美德——“为了让美德存在，需要将肉体的快感合法化”[1]，“兄弟们，倾听着健康肉体的呼声吧：那是一个较忠诚较纯洁的呼声”，这一呼声亦谈论着“大地的意义”。[2]

政治禁忌的略微松绑，让度一块狭窄的言说空间，被准予有选择性的重新审视革命话语。“革命”一词太刺激，触及痛苦记忆，亦是隐讳话题；“快感”一词太暧昧，不怎么严肃，一为暴力，一为色情，似不应“科研立项”列入学术研究课题。那么，为何仍以“革命”与“快感”为本书关键词？无论革命还是快感，皆为人际的展演，前者为人与人之间的紧张对峙，后者为人与人之间的默契合作。革命的普遍人际实践是阶级斗争，道路以目，投以仇恨眼神（影片《枫》，情爱在残酷的革命运动中被撕得粉碎，恋人反目，彼此倾轧）；快感的典范人际实践是男欢女爱，一想到对方就心生欢喜，以触觉的表达，以肌肤的诱引，相互款待。革命与快感这两套伦理一美学方案，哪种更能充分挖掘健康人性，伸张和谐人际，自不待言。

快感实践作为一种温和的唯物主义，可用享用指数衡量社会制度的宽与紧、松与严。革命语境中的快感实践举步维艰，不时招致革命道德的干涉、非议、呵斥，甚至野蛮践

1 尼采：《我妹妹与我》，陈苍多译，北京：文化艺术出版社，2003 年版，第 57 页。

2 尼采：《查拉斯图拉如是说》，尹溟译，北京：文化艺术出版社，2003 年第 2 版，第 27 页。

踏，当生活被革命反复撕扯，破碎不堪，面对革命胜利后持续制造的废墟，仅剩下满目的伤心与悲戚时，痴男怨女相互搀扶、相依相偎，躲入黑暗倾倒内心苦恼，舒缓压力，觉得一下轻松多了，可是，随翌日光明的从容到来，只好再次忍受踉踉跄跄的不堪生活。影片《被爱情遗忘的角落》，自由、诚挚、纯洁的男欢女爱却被革命横插一刀，女方受辱投水自尽，男方被定性为流氓捉入大牢——“多少人的痛苦随身而没”，甚至一点痛苦的灰尘都不留。这是对人性扭曲时代的强烈控诉：“这十来年，折腾来，折腾去，越折腾越愚蠢，越封建，不许正常的爱情，也不懂得正当的爱情。”叙述人饱含泪水的声音，戳中了人性的柔软部分，并为革命做了准确总结——打算以干瘪的革命道德改变人性的任何企图，最后只能是扭曲人性。

亚里士多德看来，政治生活之所以高贵，在于为个体的自我提升预留了空间。而在严酷的革命式政治生活中，个体空间被完全挤榨、摧毁，谈不上有私生活，也不应该有私生活。

政治的极度扭曲只能扯出极度扭曲的人际关系。人际坏掉的不虞之患，是革命政权无法承受的，人性创伤的不良代价，亦是革命道德无法支付的。不断背离人性、丧失理智的人事斗争，摧毁人际间的沟通意愿与交往能力，并带来持续的恐怖和残忍，在这样一种关系干涩、人际紊乱的社会中过活，唯有道德迟钝者和精神麻痹者，才能生存，随时随地遭受人格的侮辱，并习惯于这种侮辱，不仅个体的实现绝无可能，且正义感、道德感，甚至羞耻心一扫而光，形如槁木，心如死灰，像牲口般勉强活着就好。

人由自尊而自信，身陷接二连三的重重人事灾难，不大会关注自我外貌和仪表，遑论自尊。有限度告别政治运动，时代为之一转，阴郁的空气漂浮几丝不安的躁动，这是长期压抑的青春肉体气息，曾被革命话语麻痹的神经中枢重新颤动、跳跃，人性的伤口在欢悦的快感实践中逐渐愈合，并借助肉体的出场，摆脱对人性的规划，在快感实践中纠正、疏浚革命所造就的扭曲人际，以性爱的细节涤荡铿锵有力的政治话语，人性在尊严中站立。

身体能量具备流动性、生产性、创造性，快感实践籍此

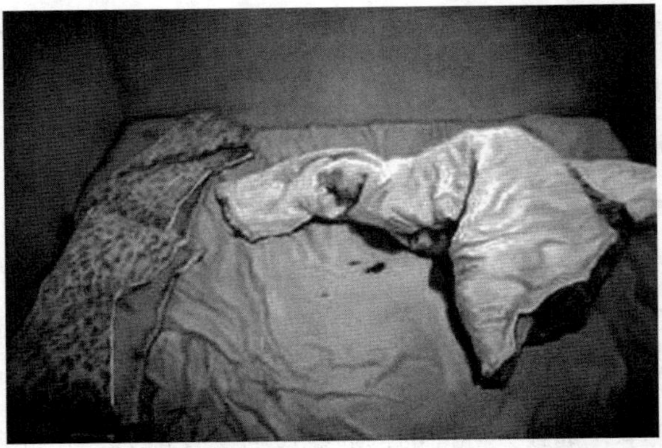

快感的造访

人性没有堕落，因为人性无法证明其本源是出自高贵之处——尼采

生发种种可能性，若说快感的享用与他人有关，如何正确对待他人，快感的运用则与自我有关，如何正确对待自我，前者是一种伦理化的实践，后者是一种审美化的实践。快感实践具备双重关系，作为一种伦理生存与审美生存，可以重拾丰润的生活感觉，触摸充盈的生命气息，积极寻求另一具欲望之躯，在身体能量的沛然驱动下，“寻求常新的连接和展现”，与其他快感实践者自由交换，和谐人际悄然展开。快感是分享、互惠，伴随一定责任——承担对自我的责任、对他人的责任——双重责任规定了快感的独特地位，因而，快感享受是一门实践技艺：与他人发生的伦理关系，与自我发生的审美关系，将生活伦理化、审美化，拒绝提出“我们是谁？”“他们是谁？”诸如此类问题，更多追问可以建立什么关系？能够发生哪些关系？换言之，如何妥善收拾关系？

“因爱而不断坚挺！”